U0604343

辽宁大学公共管理文丛

预期寿命
对国民储蓄率的影响

RESEARCH ON THE EFFECT OF LIFE EXPECTANCY
ON NATIONAL SAVING RATE

金 刚／著

社会科学文献出版社
SOCIAL SCIENCES ACADEMIC PRESS (CHINA)

序

　　储蓄理论是宏观经济学重要的研究领域。从凯恩斯绝对收入假说开始，经济学家不断尝试用不同的因素和从各种角度来解释国民储蓄率的决定，相对收入假说、持久收入假说、生命周期假说等各类观点不断出现，人口因素的储蓄率效应也逐步受到越来越多的关注。其中，人口结构变动对储蓄率影响效应的研究较早，从 2000 年左右开始，预期寿命延长对储蓄率的影响效应开始受到较多关注，预期寿命逐步进入生命周期理论分析框架，也成为生命周期假说发展完善的新方向。自 1950 年以来，预期寿命延长在全球几乎所有国家均有发生，1950～1955 年，全球平均出生时预期寿命仅为 46.91 岁，预期寿命低于 40 岁的国家总人口占全球人口的比例为 27%，预期寿命高于 60 岁的国家总人口占比不到 29%；2010～2015 年，全球平均出生时预期寿命已经提高至 70 岁，出生时预期寿命高于 70 岁的国家总人口占比已经超过 66%，预期寿命不到 60 岁的国家人口占比仅为 9%。预期寿命的延长，会改变个人一生资源的配置，个人会通过调整一生之中各期的消费与储蓄以实现一生效用最大化，而个人储蓄率的改变会进而对总储蓄率产生影响。

中国的预期寿命也有了明显提高，根据联合国人口信息网相关数据，1950～1955 年中国平均出生时预期寿命仅为 44.59 岁，2004～2010 年已经提高至 74.44 岁。与预期寿命大幅提高相伴随的是中国逐步上升并且目前保持在相对高位的国民储蓄率水平。1978 年中国国民储蓄率为 37.9%，之后国民储蓄率水平基本处于上升趋势，2010 年达到 51.8% 的最高值，从 2010 年开始，国民储蓄率有了微小幅度的下降，但 2013 年的国民储蓄率依然达到 50.2%，远高于成熟市场经济的发达国家同期水平。尽管中国的高储蓄率现象之出现具有诸多原因，例如，投资驱动的经济增长模式、文化传统、预防性储蓄动机等，但预期寿命延长与中国国民储蓄率高水平的同时发生，说明预期寿命与中国国民储蓄率提高可能具有内在关联。分析预期寿命对中国国民储蓄率的影响效应，对于扩大内需、转变经济增长方式具有现实意义。目前，在预期寿命影响国民储蓄率的研究中，对于生存函数较多地采用了指数分布假定，而指数分布假定并不适合用于长期分析，同时现有研究主要关注出生时预期寿命延长的效应，而对于预期寿命延长过程中预期寿命结构的储蓄效应尚未有涉及，因此，预期寿命储蓄效应的理论研究还有待进一步深入。

本书以生命周期理论为基础，对预期寿命以及分段预期寿命对储蓄率的影响效应进行了系统的理论与实证分析。全文分为九章。第一章，系统梳理了自凯恩斯绝对收入理论以来储蓄理论的发展脉络，特别是着重整理生命周期假说的相关内容，这也是本书的理论基础；第二章，对全球预期寿命变动进行分析，并按照收入对全球不同国家和地区分组，深入研究不同收入水平国家和地区预期寿命变动趋势，利用 178 个国家 30 年的面板数据，我们进行了预期寿命与国民储蓄率的实证研究；第三章，提出分段预期寿命的概念以及计算方法，并对全球以及不同收入组别的国家和地区分段预期寿命变动进行计算与分析；第四章，以第三章测算的全球不同国家和地区分段预期寿命为基础，利用面板数据分析方法，对分段预期寿命的储蓄效应进行实证分析；第五章，在传统生命周期理论框架中引入生存概率对分段预期寿命、经济增长和国民储蓄率进行理论分析，从个人实现一生效用最大化的消费路径入手，通过个人消费加总，得出加入分段预期寿命的可变增长率总储蓄率方程；第六章，利用面板数据分析方法，对第五章得出的理论分析结论进行实证检验；第七章，分析中国预期寿命变动情况，并对预期寿命延长影响中国国民储蓄率的效应进行实证分析；第八章，分析影响中国国民储蓄率的其他因素，主要分析了预防性储蓄动机、人口结构以及国民储蓄结构的变动情况；第九章，以研究结果为基础，提出相关政策建议。本书主要有以下几个研究发现。

第一，出生时预期寿命的变动情况对国民储蓄率的影响效应。自 1950 年以来，世界各国人口出生时预期寿命呈现普遍延长的趋势，1950～1955 年全球平均出生时预期寿命仅为 46.91 岁，2004～2010 年，已经提高至 68.72 岁。高收入组国家和地区平均出生时预期寿命从 66.25 岁提高至 77.46 岁，中高收入组国家和地区平均出生时预期寿命从 56.88 岁提高至 71.23 岁，中低收入组国家和地区平均出生时预期寿命从 49.72 岁提高至 64.89 岁，低收入组国家和地区平均出生时预期寿命从 40.98 岁提高至 56.95 岁。利用 178 个国家和地区 1980~2010 年的面板数据，我们对出生时预期寿命对国民储蓄率的影响效应进行了实证分析，固定效应方法和广义矩方法估计结果显示，出生时预期寿命的系数均为正值，出生时预期寿命的延长具有提高国民储蓄率的效应。我们对中国预期寿命延长的国民储蓄率效应也进行了分析，研究结果与基于跨国面板数据得出的结论基本一致，预期寿命延长显著提高了中国的国民储蓄率水平。

第二，分段预期寿命的定义、计算方法及变动规律。可以将某一时点上的分段预期寿命定义为生命中各时段的生存年数在该点上的精算现值。例如，可以将 x 岁开始的预期寿命分成两段，分别为 x 岁至 $x+a$ 岁之间的分段预期寿命和 $x+a$ 岁至最大寿命 ω 岁之间的分段预期寿命。其中，$z_{(x,x+a)} = \int_0^a S_x(t) \cdot dt$，我们将之定义为 x 岁至 $x+a$ 岁之间的分段预期寿命；$z_{(x+a,\omega)} = S_a(x) \int_0^{\omega-a-x} S_{x+a}(t) \cdot dt$ 为 $x+a$ 岁开始的预期寿命折算至 x 岁的精算现值，我们将之定义为 $x+a$ 岁至最大寿命 ω 岁之间的分段预期寿命。自 1960 年以来，全球工作期分段预期寿命总体呈现逐步提高的趋势，1960~1965 年全球平均工作期分段预期寿命为 39.34 岁，2004~2010 年已经提高至 42.43 岁。全球不同收入水平的国家和地区分段预期寿命变动情况大致显示出以下规律。一是高收入国家和地区组 15 岁开始的预期寿命提高表现为老年期分段预期寿命延长主导模式，老年期分段预期寿命延长趋势明显，而工作期分段预期寿命已经基本稳定。二是低收入国家组 15 岁开始的预期寿命提高表现为工作期分段预期寿命与老年期分段预期寿命共同主导模式，工作期分段预期寿命与老年期分段预期寿命均有明显提高。三是随着工作期分段预期寿命与老年期分段预期寿命的同步提高，工作期分段预期寿命在高收入国家和地区组与其他组别之间的差距正在缩小，而老年期分段预期寿命的差距却在扩大。

第三，分段预期寿命对国民储蓄率的影响效应。我们整理了全球 178 个国家分段预期寿命、人口结构、经济增长率等 30 年的数据形成面板数据，利用固定效应方法和动态面板数据方法，通过将分段预期寿命引入基于生命周期假说的线性模型，对分段预期寿命的储蓄效应进行实证分析。分析结果表明，工作期分段预期寿命的延长会降低国民储蓄率水平，而老年期分段预期寿命的延长则会提高国民储蓄率水平。随着全球预期寿命延长模式从工作期与老年期分段预期寿命延长共同主导模式向老年期分段预期寿命延长单独主导模式的转变，预期寿命延长提高国民储蓄率的效应将会更加明显。

第四，分段预期寿命和经济增长对国民储蓄率的影响效应。通过将生存概率引入生命周期理论分析框架，在放松生存函数指数分布的条件下，我们对个人实现一生效用最大化的消费路径进行了分析，研究发现，个体期初消费占收入的比重与期初收入无关，消费将按照利率与时间偏好之差的速率增长。进一步，我们将个人储蓄加总得到总储蓄率方程。研究发现，总储蓄率方程中经济增长率的系数受到分段预期寿命的影响，分段预期寿命与经济增长率的交互项影响总储蓄率水平，其中，老年期分段预期寿命与经济增长率交互项的系数大于工作期分段预期寿命与经济增长率交互项的系数。利用全球 178 个国家 30 年的面板数据，利用固定效应方法和动态面板数据方法，我们对理论分析结论进行实证检验，估计结果显示，老年期分段预期寿命与经济增长率交互项的系数为正，工作期分段预期寿命与经济增长率交互项的系数为负，实证分析结果较好地支持了理论分析结论。根据我们的研究结果，老年期分段预期寿命的延长会提高国民储蓄率水平，工作期分段预期寿命的延长会降低国民储蓄率水平，但分段预期寿命对国民储蓄率影响效应的大小则取决于经济增长率，经济增长率越高，分段预期寿命对国民储蓄率的影响效应越大。同时，研究结论也说明，总储蓄率方程中经济增长率的系数是可变的，分段预期寿命的变动将影响经济增长率的储蓄效应，老年期分段预期寿命的延长会提高经济增长的储蓄效应，而工作期分段预期寿命的延长则会降低经济增长的储蓄效应。

第五，影响中国储蓄率的其他因素。我们分析了预防性储蓄动机、人口结构和国民储蓄结构对中国国民储蓄率的影响。研究发现，中国家庭存在一定的预防性储蓄动机，预防性储蓄也可能是中国国民储蓄率提高的原因之一。从人口结构来看，中国少儿抚养比快速下降至较低水平，同时老年抚养比快速上升，人口结构的变动也在一定程度上影响了国民储蓄率水平。从国民储蓄结构来看，国民储蓄主要由住户部门、企业部门和政府部门储蓄组成。近年来，住户部门储蓄占比相对稳定，而企业部门储蓄占比出现下降，同时政府部门储蓄占比有所提高。各部门平均储蓄率不同，住户部门平均储蓄率近年稳定在 40% 左右，政府部门平均储蓄率有所提高，目前在 30% 左右，企业部门平均储蓄率为

100%。不同部门之间收入份额占比的变动，也影响了中国的国民储蓄率水平。

本成果是教育部人文社会科学研究青年基金项目"人口老龄化对中国居民储蓄影响效应研究"（11YJC40019）的研究成果，也得到辽宁省高等学校杰出青年学者成长计划（WJQ2014003）的资助。同时感谢我的工作单位辽宁大学在成果完成以及出版过程中给予的支持。

还要感谢我的家人对我的理解与支持。

最后要感谢本成果中所引用和参考的文献中的所有作者，也希望有机会与同行交流。

金刚

2016 年 1 月于沈阳

目　录

第一章　储蓄理论综述

储蓄是宏观经济学中的一个重要的研究领域，储蓄理论研究国民收入中用于储蓄比例的决定因素及变动规律。现代储蓄理论源于凯恩斯（1936）的绝对收入假说；之后以杜森贝里（J. Duesenberry）为代表的相对收入假说、以莫迪里阿尼（F. Modiglianni）为代表的生命周期假说、以弗里德曼（M. Friedman）为代表的持久收入假说进一步推动了现代储蓄理论的发展；再之后，储蓄理论加入了对收入风险因素以及个人理性预期的考量，计量经济学理论的发展也极大地促进了储蓄理论研究的深入，其代表是霍尔（Hall）的随机游走假说，但是弗莱文（1981）发现的过度敏感性以及坎贝尔（Campell）和迪顿（Deaton）发现的过度平滑性对随机游走假说提出了挑战，并由此引发了大量的新假说，例如，流动性约束假说、预防性储蓄假说、损失厌恶假说、缓冲存货假说、λ假说等，并构成了目前储蓄理论的前沿。

第一节　绝对收入假说

凯恩斯的绝对收入假说主要是他在《就业、利息和货币通论》

中对消费的论述，该假说认为消费是当期可支配收入的函数，可以简单表示为 $C = C_0 + \alpha \cdot Y_D$。其中，$C$ 是消费，$C_0 > 0$ 为常数，$0 < \alpha < 1$ 为边际消费倾向（MPC），Y_D 为当期可支配收入。凯恩斯从心理规律角度提出边际消费倾向递减假设，认为边际消费倾向递减是先验的人性使然，即随着人们收入水平的提高，虽然人们的消费也在增加，但是消费支出在收入中所占的比例却不断减少。绝对收入假说意味着平均消费倾向（APC）也是递减的，随着即期收入的增加，平均消费倾向有下降的趋势，同时，由于 $C_0 > 0$，因此，平均消费倾向始终大于边际消费倾向。绝对收入假说的观点可以总结如下：一是实际消费支出是现期绝对收入实际水平的稳定函数，绝对收入假说不考虑过去和未来的收入，也不考虑收入的相对水平，仅仅考虑按货币购买力计算的收入；二是消费支出随收入增加而增加，但消费支出增加幅度小于收入增长幅度，即边际消费倾向递减；三是边际消费倾向小于平均消费倾向。

绝对收入假说对储蓄理论做出了重大贡献，在实践中也得到了一定的应用。例如，平均消费递减规律意味着"劫富济贫"式的收入再分配政策可以提高整个社会的平均消费倾向，从而解决消费需求不足的问题。由于市场机制本身并不能保证收入均等化，因此为了避免消费需求不足，政府干预必不可少，这是西欧各国 19 世纪后期开始大力推进社会保障措施的原因和 20 世纪 30 年代大萧条的深刻启示[①]。但是，绝对收入假说存在比较严重的理论缺陷。第一，绝对收入假说没有建立在消费者效用最大化基础之上，因而缺少微观主体行为的逻辑基础；第二，边际消费倾

---

① 袁志刚等：《消费理论中的收入分配与总消费》，《中国社会科学》2002 年第 2 期。

向递减假设建立在主观心理分析基础之上，难以让人信服；第三，在即期收入为 0 时，消费 $C_0 > 0$，因此，绝对收入假说只能分析个体的短期行为。在凯恩斯理论之前，Fisher（1930）就已经提出了消费者跨期理性的研究方法，但凯恩斯却没有沿用这种在之后获得极大发展的储蓄（消费）研究方法，Mayes（1972）认为，这是由于凯恩斯主要关注的是消费而非储蓄，储蓄动机涉及不同时期，而消费主要是与即期相关联。20 世纪 40 年代，凯恩斯的消费理论受到严重挑战，主要有两个原因。一是凯恩斯理论无法预测战后消费的情况，二是 Kuznets（1963）发现平均消费倾向变动趋势与凯恩斯理论预期不符。上述新发现促成了相对收入假说的出现。

第二节　相对收入假说

Veblen（1899）最早提出了炫耀性消费的概念，Brandy 和 Friedman（1947）、Duesenberry（1949）进一步发展了相对收入假说。相对收入假说建立在消费者的选择是交互影响并且是不可逆的假设之上，这两个假设又被称为"示范效应"和"棘轮效应"。示范效应是指消费者个人或家庭的消费支出之间不是独立的，消费者会进行相互比较，试图在消费水平上超过别人或至少不低于同一阶层的其他人，因此，消费支出不仅受自身收入影响，同时也受其他人消费支出和收入的影响。棘轮效应是指由于受过去消费习惯的影响，消费者易于随收入的提高而增加消费，但不易随收入的降低而减少消费。Duesenberry（1949）认为，消费支出是不可逆的，消费支出不仅受现期收入的影响，也受过去收入和消费水平的影响，特别是过去高峰时期收入和消费的影响，即使现期收入有所下降，仍可能通过减少储蓄或通过信贷消费的方式以保持过去"高峰"时期的消费水平，这种消费只能上升很难下降的现象类似于"棘轮机"对消费下降起阻碍作用，因此，这种效应被称为"棘轮效应"。棘轮效应的观点与持久收入的观点接近，因此，弗里德曼认为相对收入假说只是持久收入假说的一个特例而已①。相对收入假说的核心观点是消费并不取决于现期绝对收入水平，而是取决于相对收入水平，相对收入是指相对于其他人的收入水平以及自己历史最高收入水平。

相对收入假说明确指出反对绝对收入假说的几个基本假定，正如 Duesenberry（1949）在专著开篇提出的那样——"这本书以批评凯恩斯消费函数为开始，凯恩斯总需求理论中两个基本假设是无效的，一是每个个体的消费行为独立于其他人，二是在时间上消费是可逆的"。但是，该假说也没有建立在微观主体效用最大化基础之上，Duesenberry 的分析社会学色彩较浓，最初该假说在西方经济学界并不被重视。之后，一些学者运用规范的经济学研究方法尝试将相对收入纳入效用函数，相对收入假说研究也取得了一定的新进展，例如，Pollak（1976）、Bagwell 和 Bernheim（1996）分别从交互影响的偏好和炫耀性消费的角度解释了相对收入对效用的影响方式，Lelkes（2006）、Tao 和 Chiu（2009）的经验分析在一定程度上证明了相对收入对效用的影响。但是，相对

① Friedman, Milton, *A Theory of the Consumption* (Princeton, NJ: Princeton University Press, 1957).

收入假说始终未能解释短期中消费与收入呈正相关关系的经验事实。

第三节　持久收入假说

在绝对收入假说和相对收入假说之后，以持久收入假说和生命周期理论为代表的财富方法（Wealth Approach）获得了发展。Mayes（1972）认为有三个原因促进了财富研究方法的建立，一是预算研究的可行性提高，学者们发现每一年都有低收入群体大量动用之前的储蓄进行消费；二是"趋中回归"现象的发现，1945年 Friedman 和 Kuznets 都发现独立职业者的收入显示出均值回归倾向，因此开始关注收入的波动以及认为消费依赖于多年的收入而不只是当年的收入；三是 Kuznets（1963）发现在跨度为几年的较长时期中，平均消费倾向并没有下降。

持久收入假说的思想在 20 世纪 40 年代就已出现，Reid（1956）以及 Hamburger（1951）等都进行过类似的理论研究与实证检验，但获得公认的最初进行系统研究的是 Friedman（1957）。Friedman 沿用了 Fisher（1930）关于个人完全理性行为的假设，最初的分析将不确定性和资本配给抽象出来，假设家庭有无限生命，家庭的需要在时间上是恒定的，在假设条件之下，理性家庭将在无限时间中分配各年消费，以使当年消费与下一年消费的边际替代率与利率水平相等，这样，消费的时间模式将只取决于利率和家庭在现期与未来消费之间的偏好。关于财富规模对消费者偏好的影响，Friedman 做了最简单的假设，即消费者偏好独立于财富规模，这也是持久收入理论中最具颠覆性的相称假设（Proportional Hypothesis）。Friedman 进一步引入了不确定性的概念，并提出持有财富的目的之一是应对不确定性，由于非人力资本比人力资本更具流动性，因此，个人储蓄率将受到非人力资本与人力资本比例的影响，该比例越高，储蓄率动机越低。如果个人认为后代消费与本人消费无差异的话，那么放松无限生命的假设对上述推论就不会产生影响。

Friedman 认为有三种形式可以说明什么是持久收入：一，持久收入是消费者预期的收入；二，持久收入是财富乘以相应的折算率；三，持久收入是有一个有趋势的部分再加上过去收入的几何加权平均数[①]。持久收入假说将收入分为持久收入（y_p）与暂时收入（y_t），将消费分为持久消费（c_p）和暂时消费（c_t），除非暂时收入已经被个体纳入持久收入范畴，否则暂时收入对个体消费无影响，暂时消费与暂时收入都由随机因素决定，或者是收入度量的误差。持久收入假说可以用以下三个公式表示：

$$c_p = k(i, w, u)y_p \qquad (1-1)$$

$$y = y_p + y_t \qquad (1-2)$$

$$c = c_p + c_t \qquad (1-3)$$

其中，y 为可直接观察到的收入，c 为可直接观察到的消费。式（1-1）表明持久消费为持久收入的一定比例 k，该比例与持久收入 y_p 的大小无关，而是由利率 i、偏好 u 和资产结构 w（财富资

①　持久收入用过去收入的几何加权平均数来度量，可以参考 M. A. Arak, Alan Spiro, "The Relation between Permanent Income and Measured Variables", *Journal of Political Economy*, Vol. 79, May-June 1970, pp. 652 – 660.

本与人力资本的比例）等因素决定。式（1－2）和式（1－3）说明，个体可观察到的收入由持久收入和暂时收入组成，个体可观察到的消费由持久消费和暂时消费组成。个体的持久收入和持久消费都是无法直接观察到的，可观察到的仅是消费者的实际支出与收入。在持久收入与暂时收入之间、持久消费与暂时消费之间、暂时消费与暂时收入之间的相关系数为0，以及暂时消费与暂时收入的均值为0的假设条件下，持久收入假说意味着观察到的消费对观察到的收入的回归系数为 $P_y \cdot k$，其中，$P_y = \sum (y_p - \overline{y_p})^2 / \sum (y - \bar{y})^2$，即持久收入方差占总方差的比例，$k$ 为式（1－1）中 $k(i, w, u)$ 的缩写。

Friedman 分别利用美国的截面与时间序列数据检验了持久收入假说对现实的解释能力。持久收入假说需要被检验的假设主要有以下三个：第一，消费是长期持久收入的函数；第二，持久消费是持久收入的一定比例；第三，暂时收入的消费倾向为零。实证研究主要有以下四个方面的发现：第一，尽管50多年中美国人均实际收入水平有了显著的提高，但是利用时间序列数据得出的平均消费倾向却比较稳定；第二，利用不同群体的截面数据研究发现，尽管群体间实际收入水平差异较大，但平均消费倾向却明显接近；第三，美国第二次世界大战后个人的储蓄率明显低于第二次世界大战期间的个人储蓄率；第四，截面与时间序列数据均显示高收入群体储蓄率较高而低收入储蓄率为负，这自然会引申出富者愈富贫者愈贫的结果，但美国收入差距逐渐缩小。上述经验研究结果在一定程度上支持了持久收入假说的推论。尽管 Friedman 对持久收入理论进行了实证检验，但是其检验并不完整，例如

Mayes（1972）指出，Friedman 所进行的这些检验只是检验了整个持久收入假说的方向，而不是对该假说严格的检验，检验只能展示出持久收入假说预言的两个系数的不同，但是却不能验证该假说所预测的系数差距的大小。特别是关于上述第三条关键假设，Friedman 对于暂时收入提出了按照一定比例折算成持久收入的观点，由此无法完全准确判断暂时收入提高之后消费的增长究竟是由持久收入提高引致还是由暂时收入提高引致，给验证该假设带来了一定困难。Ramanathan（1968）利用相同教育水平和年龄的平均收入作为持久收入的度量，Irwin（1966）和 Parry（1968）利用不同组别人群的平均收入作为持久收入的度量，Mincer（1960）利用收入趋势作为持久收入的度量，Williamson（1968）利用国别之间的收入比较作为持久收入的度量，分别估计了暂时收入的边际消费弹性，各类研究结果在 0.40 ~ 0.87，均超过了按照 Friedman 所估计的折算系数能够得出的 0.3 的暂时收入边际消费弹性。但是由于 Friedman 所估计的折算系数只是一个推断，所以目前的实证研究结论无法确定是否支持持久收入假说。但是，持久收入假说中一个重要的前提假设——相称假设确定不被实证研究结论所支持。

第四节　生命周期假说

Modigliani 和 Brumberg（1954）首先提出了生命周期假说，该假说打破了绝对收入理论建立以来过度关注短期中当期消费与当期收入关系的研究视角，转而重新回归到消费者行为的基础理论。

生命周期假说最具颠覆性的观点认为，某一时间段内的消费率仅是消费者一生计划安排的一个方面而已，消费者不断积累的收入仅是形成一生消费计划的一个基础因素。生命周期假说建立在消费者选择理论基础之上，并假设消费者效用由当期和未来各期消费共同决定，消费者各期可利用的资源（预算约束）是现期收入、未来收入折现值以及现期净财富的总和，消费者将在此预算约束下通过各期消费的安排实现一生效用最大化，效用最大化的当期消费将是其可利用的资源、资本回报率以及取决于年龄的参数的函数。

一　个体储蓄率

在价格水平不变、没有遗产动机、消费者各期消费占各期可利用资源的比例相等且仅由效用函数和利率决定而与总资源数量无关、零利率的基本假设下，消费者第 t 期的现期消费和储蓄分别为 c_t 和 s_t：

$$c_t = c(y_t,\ y^e,\ a,\ t) = \frac{1}{L_t}y_t + \frac{(N-t)}{L_t}y^e + \frac{1}{L_t}a_t \qquad (1-4)$$

$$s_t = y_t - c_t = \frac{L-t}{L_t}y_t - \frac{(N-t)}{L_t}y^e - \frac{1}{L_t}a_t \qquad (1-5)$$

其中，c_t 为当期消费，y_t 为当期收入，y^e 为预期的收入期平均收入，a_t 为第 t 期净资产，N 为工作期年数，M 为退休期年数，$L = M + N$ 为一生寿命，$L_t = L - t + 1$ 为第 t 期的剩余寿命。为了更清楚地反映并检验生命周期假说的结论，Modigliani 和 Brumberg 在静态假设下分析了收入、资产和年龄的均衡关系以及消费和收入的关系。静态假设是指个人在其工作期开始时期望会有恒定的收入，而在其工作期间任意时间点上，该人都发现其最初的期望与实际收入一致，或者说其过去的收入和现在的收入都与其最初的预期一致，而其关于未来的预期也与其最初的预期一致。在静态假设下（$y_1^e = y_1$，$a_1 = 0$），个人在第一期做出的消费计划为：

$$\bar{c}_\tau^1 = \frac{N}{L} y_1 , \quad \tau = 1 , 2 , 3 , \cdots , L \qquad (1-6)$$

储蓄计划将为：

$$\bar{s}_\tau^1 = \begin{cases} \dfrac{M}{L} y_1 , \quad \tau = 1 , 2 , \cdots , N & (1-7) \\[3mm] -\dfrac{N}{L} y_1 , \quad \tau = N+1 , N+2 , \cdots , L & (1-8) \end{cases}$$

而其资产积累计划将为：

$$\bar{a}_\tau^1 = \begin{cases} \dfrac{(\tau-1)M}{L} y_1 , \quad \tau = 1 , 2 , \cdots , N & (1-9) \\[3mm] \dfrac{N(L+1-\tau)}{L} y_1 , \quad \tau = N+1 , N+2 , \cdots , L & (1-10) \end{cases}$$

进一步放宽静态假设，当个人当期收入可能与预期不符即有波动时，当期储蓄方程（1-5）可以改写为：

$$s_t = \frac{M}{L} y^e + \frac{(L-t)}{L_t} (y_t - y^e) - \frac{1}{L_t} [a_t - a(y^e , t)] \qquad (1-11)$$

$$= \frac{M}{L} y + \frac{N(L-t) - M}{L L_t} (y_t - y^e) - \frac{1}{L_t} [a_t - a(y^e , t)]$$

当期消费为：

$$c_t = c(y_t , y^e , a , t) \qquad (1-12)$$

$$= \frac{N}{L} y^e + \frac{1}{L_t} (y_t - y^e) + \frac{1}{L_t} [a_t - a(y^e , t)]$$

$$= \frac{N}{L} \left\{ y^e + \frac{L}{N L_t} (y - y^e) + \frac{L}{N L_t} [a_t - a(y^e, t)] \right\}$$

$$= \frac{N}{L} p (y, y^e, t, a)$$

如果将 $\bar{x}(y)$ 定义为平均收入为 y 的一类群体，储蓄理论的目标之一就是建立 $\bar{c}(y)$ 与 y 的关系式。从式（1-4）来看，在静态假设下，由于 $y = y^e$，$a_t = a(y^e, t)$，因此 $\bar{p}(y) = y$，此时 $\bar{c}(y) = y \cdot (N/L)$。但是，当收入在短期中发生波动时，情况将发生变化。假设一个群体的收入受到短期波动影响，平均收入仍然为 $\bar{y}$，并且等于该群体上期对未来收入的预期 $\bar{y}^e_{-1}$。在该群体中，部分个人的实际收入会高于 $\bar{y}^e_{-1}$，部分个体的实际收入会低于 $\bar{y}^e_{-1}$。

设 $E = (y^e - y^e_{-1}) / (y - y^e_{-1})$，即 $y^e = (1 - E) y^e_{-1} + Ey$；一般情况是 $0 \leq E \leq 1$，这可以说明式（1-12）中 $p(y, y^e, t, a)$ 的第一项。而第二项相对简单，消费会变动 y 与 y^e 之差的 $L/N L_t$ 比例，而这个比例将是比较小的。$p(y, y^e, t, a)$ 的第三项度量了现期资产与预期资产之间的不平衡。考虑正向收入冲击群体，其内部会有相当一部分个人的未来收入预期会提高从而高于之前的收入预期，因此，其实际现期资产将低于按照其现在的收入预期应该积累的资产规模；反之，反向收入群体的实际资产将高于其按照现在较低的收入预期应该积累的资产规模。上述分析说明，正向收入冲击的群体其 $p(y, y^e, t, a)$ 的第三项将是负值，负向收入冲击群体的 $p(y, y^e, t, a)$ 的第三项将是正值。而 $\bar{c}(y)$ 与 y 之间的关系就是按照式（1-12）将 $p(y, y^e, t, a)$ 的三项之和乘以 N/L。上述分析首先说明，由于 $p(y, y^e, t, a)$ 的第三项的存在，收入中消费的比例将随着收入的上升而减小，边际消费倾向小于 1。同时上述分析意味着，由于 $p(y, y^e, t, a)$ 的第二项和第三项均与年龄有关，因此，在其他条件不变的情况下，消费的收入弹性将受到年龄的影响。上述分析的结论与持久收入理论结果相似，因此，有的研究将持久收入与生命周期假说统称为持久收入—生命周期假说（PIH－LCH）。

二　加总储蓄率

根据式（1－4），在个人效用函数在不同人之间以及不同时间点上相同、个人没有遗赠动机的条件下，某一个年龄为 T 的个人的当期消费可以表示为：

$$c_t^T = \Omega_t^T y_t^T + \Omega_t^T (N - T) y_t^{eT} + \Omega_t^T a_{t-1}^T \qquad (1-13)$$

其中，T 为年龄，y_t^{eT} 为年平均期望收入。进一步，如果假设年龄相同的个体其 Ω_t^T 相同①，则年龄为 T 的所有人的总消费将为：

$$C_t^T = \Omega_t^T Y_t^T + \Omega_t^T (N - T) Y_t^{eT} + \Omega_t^T A_{t-1}^T \qquad (1-14)$$

其中，C_t^T、Y_t^T、Y_t^{eT}、A_{t-1}^T 分别为该组别中所有人消费、收入、年均期望收入和净资产的总和。进一步对不同年龄组各项分别加总，可以得到

$$C_T = \alpha_1' Y_T + \alpha_2' Y_t^e + \alpha_3' A_{t-1} \qquad (1-15)$$

其中，Y_T、Y_t^e、A_{t-1} 分别为式（1－14）相应项的加总，α_1'、α_2'、α_3' 为式（1－6）相应系数的加权平均数。设 $Y_t^e = \beta' Y_t$，$\beta' \approx 1$，则有：

---

① 如果个人 Ω_t^T 不同，Theil（1954）证明各项系数将是个人系数的加权平均数。

$$C_t = (\alpha_1' + \beta'\alpha_2')Y_t + \alpha_3'A_{t-1} = \alpha_1 Y_t + \alpha_3 A_{t-1} \qquad (1-16)$$

式（1－16）可表示为：

$$C = \alpha \cdot Y_l + \delta \cdot W \qquad (1-17)$$

其中，Y_l 为劳动收入，W 为当期资本。由于 $Y = Y_l + r \cdot W$，因此有：

$$S = Y - C = (1-\alpha)Y + (\delta - \alpha r)W \qquad (1-18)$$

即：

$$s = (1-\alpha) - (\delta - \alpha r)w \qquad (1-19)$$

其中，$s = S/Y$，$w = W/Y$。在经济处于均衡状态时，根据阿罗得—多玛生产函数，$s = gw$，其中，g 为经济增长率，因此有：

$$w = (1-\alpha)/(g + \delta - \alpha r) \qquad (1-20)$$

$$s = g(1-\alpha)/(g + \delta - \alpha r) \qquad (1-21)$$

式（1－21）是经济增长率 g 的函数，$g = \rho + n$，其中，ρ 为劳动人口人均产出增长率，n 为劳动人口增长率，对式（1－13）进行一阶泰勒级数展开可得：

$$s(g) \approx s(\overline{g}) + s'(\overline{g})(g - \overline{g}) = [s(\overline{g}) - \overline{g} \cdot s'(\overline{g})] + s'(\overline{g}) \cdot g \qquad (1-22)$$

即：

$$s \approx \alpha + \beta \cdot g = \alpha + \beta(\rho + n) \qquad (1-23)$$

式（1－23）意味着，在经济处于均衡状态时，储蓄率由经济增长率决定。但是，式（1－23）是很难检验的，原因是很难得到劳动人口增长率。为了解决实证检验上的困难并考虑非均衡经济中储蓄的影响因素，Modigliani 和 Ando（1957）构造了一个含有人口结构的模型。设 m、w 和 r 分别为个人的工作前、工作与退休年数，设 μ 和 ω 分别为 $\mu = m/w$，$\omega = r/w$，设 c_m、c_w、c_r 分别为工作之前时期、工作期间和退休期间个人的平均消费水平，设 $\chi_m = c_m/c_w$，$\chi = c_r/c_w$，设 e 为工作期平均收入。

$$we = mc_m + wc_w + rc_r = c_w \left[m\chi_m + w + r\chi \right] \tag{1-24}$$

即：

$$c_w = \frac{we}{m\chi_m + w + r\chi} = \frac{e}{\mu\chi_m + 1 + \omega\chi} \tag{1-25}$$

设 M、W 和 R 分别为工作前期、工作期和退休期人数，在上述假设下，加总消费和储蓄可以表示为：

$$C = Mc_m + Wc_w + Rc_r = c_w \left(M\chi_m + W + R\chi \right) \tag{1-26}$$

$$Y = We \tag{1-27}$$

因此有：

$$\frac{C}{Y} = \frac{c_w}{e} \left(\frac{M}{W}\chi_m + 1 + \frac{R}{W}\chi \right) \tag{1-28}$$

将式（1-25）代入式（1-28），有：

$$\frac{C}{Y} = \frac{\frac{M}{W}\chi_m + 1 + \frac{R}{W}\chi}{\mu\chi_m + 1 + \omega\chi} \tag{1-29}$$

$$\frac{S}{Y} = 1 - \frac{C}{Y} = \frac{\mu\chi_m + \omega\chi}{\mu\chi_m + 1 + \omega\chi} - \frac{\chi_m}{\mu\chi_m + 1 + \omega\chi}\frac{M}{W} - \frac{\chi}{\mu\chi_m + 1 + \omega\chi}\frac{R}{W} \tag{1-30}$$

式（1-30）说明，在经济处于均衡状态时，M/W 和 R/W 都将是人口增长率的函数，因此，储蓄率也是人口增长率的函数。

但在非均衡状态下，由于人口增长率与抚养比之间不再具有稳定的关系，因此，式（1 - 23）中的经济增长率应由抚养比变量替代。

第五节 随机游走假说、过度敏感性与过度平滑性

一 随机游走假说

按照生命周期—持久收入假说，消费者根据对其未来长期消费能力的估计来安排现期消费。按照 Modigliani 的方法，长期消费能力是其一生财富，而现期消费为一生财富的年金价值；按照 Friedman 的方法，长期消费能力是持久收入，现期消费将非常接近当期持久收入。生命周期—持久收入假说的实证检验在现期、过去的观察到收入与未来期望收入之间的转化方面遇到了困难，常规解决方法是利用确定分布的滞后收入计算期望收入，但这种方法受到了 Lucas（1976）的强烈批评，而且使用的滞后期也比较短。与此同时，许多采取上述方法的实证研究都受到了收入内生性的影响，在收入作为主要自变量时，收入的内生性会对计量结果产生较大的影响，尽管如此，生命周期—持久收入框架下的计量检验在一段时期之内没能有效地解决此问题，依然将收入作为外生变量处理。尽管工具变量法能在一定程度上解决变量的内生性问题，但是，外生变量的有效性却很难得到有效的检验。在上述背景下，Hall（1981）提出了另一种思路，从而能在所有自变量全部为内生的条件下对生命周期—持久收入假说进行检验。该方法的基本思路是，如果消费者要实现未来效用的最大化，那么未

来消费边际效用的条件期望值将仅是现期消费数量的函数，而与其他变量无关，包括滞后期收入变量，去除趋势之后，边际效用将是一个随机游走。进一步，如果边际效用是消费的线性函数，则消费量本身也将是一个随机游走，即 $c_t = \lambda c_{t-1} + \varepsilon$。上述思路意味着，在当期消费为因变量的回归模型中，如果生命周期—持久收入假说成立，则自变量中仅有滞后一期的消费将是显著的，并且，这种方法不会受到收入变量内生性的影响。

Hall 进行的实证检验的基本思路是，当期消费的条件期望值为 $E[c_t | c_{t-1}, X_{t-1}]$，其中，$X_{t-1}$ 为 $t-1$ 期除了消费之外的一个向量，如果生命周期—持久收入假说是正确的，那么，消费的期望值将不是 X_{t-1} 的函数。Hall（1978）提出，假设有一定比例的人如 Tobin 和 Dolde（1971）分析的那样，其消费由于流动性约束而对收入过度敏感从而消费掉全部可支配收入，假设这部分人的收入占总收入的比重为 μ，则这部分人的消费将为 $c_t' = \mu y$，其余人的消费遵循随机游走 $c'' = \lambda c' + \varepsilon_t$，总消费的条件期望值为 $E(c_t | c_{t-1}, y_{t-1}, y_{t-2}) = E(c_t' | c_{t-1}, y_{t-1}, y_{t-2}) + E(c'' | c_{t-1}, y_{t-1}, y_{t-2}) = \mu E(y_t | c_{t-1}, y_{t-1}, y_{t-2}) + \lambda (c_{t-1} - \mu y_{t-1})$，假设 $E(y_t | c_{t-1}, y_{t-1}, y_{t-2}) = \rho_1 y_{t-1} + \rho_2 y_{t-2}$，则 $E(c_t | c_{t-1}, y_{t-1}, y_{t-2}) = \lambda c_{t-1} + \mu(\rho_1 - \lambda) y_{t-1} + \mu \rho_2 y_{t-2}$。如果 $\rho_1 = \lambda$ 和 $\rho_2 = 0$ 不能同时满足，生命周期—持久收入假说将被拒绝。这意味着，只有可支配收入和消费遵循完全相同的随机游走，持久收入和可观察的收入才能相同，因此，前述有流动性约束消费者的消费也遵循随机游走。Hall 对消费与可支配收入之间的回归结果表明，在消费与近期可支配收入之间存在着很小的联系，之后变量的系数为负但较小，并且，没有证据表明较

远期可支配收入有助于预测消费，总体来看，可支配收入的回归结果不能完全拒绝生命周期—持久收入假说推论。在对消费与滞后财富变量的回归中发现，滞后一期的股票市场指数对预测消费具有显著作用，但是 Hall 认为，这是由于部分根据持久收入变动而发生的消费调整需要一定时间，因此，滞后股票市场指数的显著性以及与滞后消费的弱相关恰好证明了调整后的生命周期—持久收入假说假设。Hall 总结说，计量结果没有充分的证据拒绝生命周期—持久收入假说，在持久收入作为无法观测变量的分析框架下，实证分析结果较好地符合了生命周期—持久收入的假说假设。从这个意义上说，如果政策的目的是影响消费，那么政策必须能够影响持久收入，否则，消费将是一个外生变量。

二　消费的过度敏感

Hall 假说的逻辑非常严谨，在一定程度上支持了生命周期—持久收入假说。但是 Flavin（1981）发现的过度敏感性与 Campbell 和 Deaton（1989）发现的过度平滑性，共同对 Hall 假说构成了有力的挑战，并因此引发了大量新假说。Flavin 使用了一个简单的消费结构方程。在这个模型中，消费随由现期收入表示的持久收入变化以及现期收入本身的变化而变化，Flavin 将这个现象称为消费对现期收入的过度敏感性（Excess Sensitivity）。Flavin 提出，持久收入假说意味着，如果各期消费是持久收入的某一比例并且持久收入是在给定现期信息条件下个人一生资源的最好估计，那么，现期消费应该与上期消费不同，差别将是持久收入的当期调整。Flavin 建立了一个结构模型检验持久收入假说，该模型分析了现期收入提供未来收入信息的能力以及反映持久收入变化的作用，以强调观察到的消费对现期收入的敏感性并不是简单的边际消费倾向。由于收入是高度序列相关的，因此，现期收入的波动将与持久收入的波动相关，模型采用自相关回归模型（ARMA）来表示持久收入如何根据现期收入进行调整，预测误差就是包含在现期收入中有关持久收入的新信息，个人将根据预测误差来调整对未来收入的预期。将消费对预测误差与现期收入做回归，由于持久收入的变动已经在预测误差中体现，因此，现期收入的系数可以检验持久收入假说：按照持久收入假说，现期收入系数应该为零。Flavin 运用时间序列数据估计了消费对现期收入的过度敏感，并检验了持久收入理论关于过度敏感为零的推断。计量分析结果发现了强有力的证据不支持持久收入理论，无论是使用非耐用品消费，还是使用非耐用品及服务的消费作为因变量，都可以在 0.5% 的显著性水平上拒绝持久收入假说。在使用非耐用品作为因变量的分析中，过度敏感的点估计值为 0.355，考虑到非耐用品消费仅占总消费的45% 左右，0.355 已经是对持久收入理论的较大偏离。Flavin 同时认为，Hall 的分析可以看作消费结构方程的简化形式，而结构方程可以比简化形式更有利于估计参数，包括消费对现期收入过度敏感的估计。Flavin（1981）的研究发现不支持 Hall 的观点，同时也对生命周期—持久收入假说提出了质疑。但是，Flavin 的观点受到了质疑，Mankiw 和 Shapiro（1985）提出，在收入具有单位根的情况下，Flavin 的计量研究结论应该被拒绝。

三　消费的过度平滑

对于生命周期—持久收入假说的另一质疑来自加总消费的过

度平滑性（Excess Smoothness），即消费的标准偏差过低。现实中加总消费的显著特征之一是相对于加总收入来说加总消费更加平滑：加总收入的变动伴随的是加总消费相对小的变动，同时加总消费趋势性的变动也要比加总收入趋势性变动小。Campbell 和 Deaton（1989）认为，之前较为公认的解释是认为消费由持久收入决定，而持久收入比现期收入平滑，现期收入的变动引起较小的持久收入变动以及较小的消费变动。因此，如果消费相对于收入的平滑性用收入变动和消费变动的相对方差来表示，则平滑性可以被持久收入假说表示，消费的平滑性是持久收入的基本支撑证据之一。Campbell 和 Deaton 提出，没有理由认为持久收入必须比现期收入平滑。例如，Beveridge 和 Nelson（1981）的研究结果显示，在现期收入增长率是正的自相关条件下，持久收入变动方差将超过现期收入变动方差；Nelson 和 Plosser（1982）提出，许多宏观时间序列数据，包括实际和名义 GDP，都遵循一阶平均移动过程，并且具有正的移动平均系数；Deaton（1987）提出，持久收入事实上比现期收入波动更大，以至于持久收入理论无法提供任何直接的和得到较好支撑的理由来解释消费比现期收入平滑的现象。Campbell 和 Deaton（1989）建立了一个包含储蓄和劳动收入的双变量模型来说明消费者很可能比其他人更能预测自己未来收入的事实。消费者拥有的信息越多，他们消费的平滑性就越高，因此过度平滑的检验必须要充分考虑计量分析中消费者的信息误设问题，他们选择了一个简单的双变量向量自回归模型（VAR）来解决这个问题，并且发现消费依然比应该的程度更平滑。为了避免上述结果可能是由于对收入和储蓄动态过程的误设，Nelson 和

Plosser 进一步进行了非参数检验，但结果并未发生变化，研究结果并未提供任何明显的支持传统观点的证据，加总数据并不能发现持久收入比现期收入更加平滑。与 Flavin（1981）和 Nelson（1987）的研究结果类似，Nelson 和 Plosser 也发现消费变动与滞后收入之间的正相关关系，这与持久收入假说推断不符。Nelson 和 Plosser 认为消费变动对可预期的收入变动的过度敏感，可以解释消费对未预期到的收入变动的过度不敏感，原因是消费根据收入变动的调整较慢，所以消费变动与之前的收入变动平均值相关。Nelson 和 Plosser 认为消费的过度平滑是因为持久收入假说不成立，而消费缓慢调整观点可以整合所有的证据，同时，也允许持久收入的波动比现期收入更大。

第六节　流动性约束和预防性储蓄

过度敏感性和过度平滑性对生命周期—持久收入假说以及理性预期—持久收入假说都提出了挑战，一些新的假说由此开始不断出现，以解释传统理论无法解释的客观现象。

一　流动性约束

消费理论中主要关注的流动性约束是指借入约束（Borrowing Constrain）。在面对流动性约束时，个体无法将未来资源转移到当期消费，因此，个体当期消费会表现出与当期收入的相关，并且，在相同收入增长率条件下，个体消费增长率也会高于无流动性约束时的水平，这可以在一定程度上解释过度平滑与过度敏感等现实数据与生命周期—持久收入假说的偏离现象。Zeldes（1985）首先分析了没有流动性约束时实现消费者效用最大化相邻期一阶条件，并得出在不存在流动性约束时的欧拉方程；之后，按照金融资产与收入的比率将样本分为两组，第一组资产较少，因此面临流动性约束的可能性较大，第二组资产较多，因此面临流动性约束的可能性较小，并分别验证两组样本是否违反欧拉方程。如果流动性约束确实是使个体消费行为不符合生命周期—持久收入假说的原因，那么实证分析的结果应该是欧拉方程在第一组中不成立而在第二组中成立。为了验证流动性约束的作用，Zeldes 首先对第二组无流动性约束样本进行估计，并将估计结果代入第一组计算残差，在流动性约束条件下，第一组样本消费增长率应该不低于第二组，因此，残差应该大于 0，并且样本残差均值应该与收入负相关。估计结果显示，低资产水平组残差估计结果为正，但不显著，拉格朗日残差与收入的回归系数为负，但也不显著。Zeldes 提出，尽管由于分组等原因，估计结果需要谨慎解读，但是，估计结果基本上支持流动性约束影响消费的分析结论，低资产水平组正的残差与收入的系数说明流动性约束使部分消费者在相同条件下的消费增长率更高。流动性约束在一定程度上可以解释消费的过度敏感性。

Campbell 和 Mankiw（1991）提出 λ 假说，进一步验证了流动性约束引起的现实数据表现出的过度敏感性。该模型假设加总收入中有 λ 的比例属于按照现期收入消费受到流动性约束的个体，$(1-\lambda)$ 比例的加总收入属于按照持久收入消费的个体。将所有个体分为两组，假设 $Y_t = Y_{1t} + Y_{2t}$，其中，Y_{1t} 为第一组个人的收入，该组消费者按照现期收入消费，Y_{2t}为第二组个人的收入，该组消费者按照持久收入消费，$Y_{1t} = \lambda Y_t$，$Y_{2t} = (1-\lambda) Y_t$，λ 固定不变。第一组人的消费为该组的加总现期收入 $C_{1t} = Y_{1t} = \lambda Y_t$，第二组人的加总消费为该组的持久收入 $C_{1t} = Y_{2t}^P = (1-\lambda) Y_t^P$。加总消费为 $C_t = C_{1t} + C_{2t} = \lambda Y_t + (1-\lambda) Y_t^P$，其中，$Y_t^P$ 为加总的持久收入，并将计量方程确定为 $\Delta C_t = \mu + \lambda \Delta Y_t + \varepsilon_t$。由于误差项 ε_t 可能与当期变量相关，因此将滞后 2~6 期的收入变动、消费变动、利率和滞后两期的储蓄作为工具变量进行估计。研究结果发现，一些工具变量具有显著的预测消费的能力，这与标准的持久收入假说不符，特别是在把滞后 2~6 期的消费变动或者名义利率变动作为工具变量时，对于消费的预测能力更强。同时，λ 值的估计结果介于 0.3~0.7，并且是统计显著的。二人的检验方法不受收入是否具有单位根的影响，也比随机游走方法更加有效。λ 假说验证了流动性约束理论，即一定比例个体的消费由于流动性约束的存在而对现期收入敏感，从而可以在一定程度上解释前述的过度敏感性。

二　预防性储蓄

生命周期—持久收入假说考虑到了现期收入的波动性，但没有考虑到未来收入的波动性。如果考虑到未来收入的随机性，在二次效用函数、各期消费无限制（可以在正负无穷之间）的条件下，依然可以获得与未来收入确定时相同的结论，即确定性等价（CEQ）。确定性等价的基本条件之一是二次效用函数，即效用函数三阶导数为 0。二次效用函数与现实相符合程度较低，因此，一些研究开始从非零三阶导数的效用函数入手分析收入不确定性对消费的影响，例如，Leland（1968），Sandmo（1970），Dreze 和 Modigliani（1972）等。Leland 较早地提出了预防性储蓄的概念，并将之定义为未来收入确定条件下的消费与未来收入不确定条件下的消费之间的差异。Dreze 和 Modigliani 对预防性储蓄做的定义与 Leland 基本相同。上述分析都是建立在两期模型基础上，基本结论是在效用函数三阶导数大于 0 时，收入不确定条件下的消费 C 将低于收入确定或确定性等价条件下的消费。Sibley（1975）和 Miller（1976）各自利用跨期模型在未来收入为独立同分布的条件下得出了上述基本相同结论，同时认为，在任意初始资产条件下，随着收入不确定状况的加剧，预防性储蓄都会增加。

上述研究都是建立在效用函数三阶导数大于 0 这一假设条件下，而这意味着风险规避系数是递减的。并且，上述研究也没有涉及消费与财富值以及现期收入之间的关系，而只是关注了消费本身。在这种情况下，Zeldes（1989）在风险规避系数不变的效用函数条件下，利用数值模拟方法，分析了多于两期的跨期模型中，未来收入不确定性对储蓄的影响以及储蓄与财富值和当期收入之间的关系。Zeldes 对收入的不确定性做了两类假设，一是 Hall 和 Mishkin（1980）提出的随机过程，即假设 $Y_t = YL_t \cdot ES_t$，$YL_t = YL_{t-1} \cdot EL_t$，其中，$YL_t$ 为一生中各期劳动收入，主要反映一些诸如职业变化、健康状况变化等持久因素，Y_t 为各期总的劳动收入，主要考虑在持久因素之外的诸如失业等当期因素，ES_t，EL_t 都为均值为 1 的独立同分布；二是假设 $EL_t = 1$，仅有当期收入受到冲击。在上述假设以及 $r = \delta$ 的条件下，Zeldes（1989）分别计算并比较了固定风险规避系数下和确定等价条件下的消费水平、消费对持久收入和现期收入的敏感性，研究发现，不同条件下的计算结果区别较大，固定风险规避系数下消费较低，消费占财富比例较小，消费倾向更高，预期消费增长率更高，特别是当金融资产相对于人力资本较小时差异更为明显。Caballero（1990）进一步在允许收入冲击为独立非同分布过程（ARIMA）的情况下，得出了收入不确定条件下消费的封闭解，并发现在收入与其变动的方差之间存在正相关关系时，特别是在 CRAR 效用函数下得出的边际消费倾向低于确定性等价假设下的结果，并认为预防性储蓄和条件异方差性可以解释消费的过度平滑性和过度敏感性。

尽管流动性约束和预防性储蓄可以在一定程度上解释现实数据与传统理论之间的不符，但是，上述理论也受到 Browning 和 Lusardi（1996）等一些学者的质疑，质疑主要来自流动性约束和预防性储蓄的一般性解释能力。流动性约束对于流动性资产较多的人解释力较差，而预防性储蓄动机可能随着社会保障制度的完善等原因而减弱，并且上述理论都无法解释社会中绝大多数储蓄都来自富裕阶层的现象。

第二章　出生时预期寿命对国民储蓄率的影响

本章主要分析全球出生时预期寿命的变动规律以及预期寿命延长对国民储蓄率的影响效应。一是分析 1950 年以来全球以及不同国家的预期寿命变动，并分析预期寿命延长的成因；二是分析预期寿命延长影响国民储蓄率的机制；三是利用不同国家预期寿命以及国民储蓄率数据，实证检验预期寿命延长对国民储蓄率的影响效应。

第一节　全球预期寿命变动情况

一　预期寿命的含义及计算方法

预期寿命本身是一个数学期望值。假设一个 x 岁的人未来生存时长为连续型随机变量 T_x，x 岁开始的预期寿命即为随机变量 T_x 的数学期望值，按照连续型随机变量数学期望的计算方法，x 岁开始的预期寿命 e_x^0 为：

$$e_x = E[T_x] = \int_0^{\omega - x} t \cdot f_x(t) \cdot dt \qquad (2-1)$$

其中，ω 为最大寿命，$f_x(t)$ 为 x 岁的人未来生存时长 T_x 的密度函数。设 T_x 的分布函数为 $F_x(t)$，按照密度函数的定义有 $f_x(t) = dF_x(t)/dt$。分布函数 $F_x(t)$ 的含义恰好是一个 x 岁的人不晚于 $x+t$ 岁死亡的概率，则 $s_x(t) = 1 - F_x(t)$ 代表 x 岁的人在 $x+t$ 岁依然生存的概率。将 $s_x(t)$ 定义为 x 岁个体的生存函数，由于 ω 为最大寿命，因此，$s_x(\omega - x) = 0$，进一步利用生存函数表示概率密度函数，可得：

$$f_x(t) = dF_x(t)/dt = d[1 - s_x(t)]/dt = -d[s_x(t)]/dt \qquad (2-2)$$

代入式（2-1）可得：

$$e_x = E[T_x] = \int_0^{\omega - x} t \cdot f_x(t) \cdot dt$$

$$= -\int_0^{\omega - x} t \cdot d[s_x(t)]/dt \cdot dt$$

$$= -\int_0^{\omega - x} t \cdot d[s_x(t)]$$

$$= -[t \cdot s_x(t)]_0^{\omega - x} + \int_0^{\omega - x} s_x(t) \cdot dt$$

$$= \int_0^{\omega - x} s_x(t) \cdot dt \qquad (2-3)$$

式（2-3）说明，x 岁开始的预期寿命可以表示为 x 岁开始的所有时期的生存概率之和。

二 全球出生时预期寿命情况

利用世界银行数据库和联合国《2013 年全球人口发展报告》中相关数据，我们搜集了全球平均出生时预期寿命以及不同国家和地区的出生时平均预期寿命。20 世纪 50 年代开始至今，全球以及不同国家和地区的出生时预期寿命都有了明显的提高，但不同国家和地区之间也存在一定差异。根据世界银行按照收入水平对不同国家和地区的分组方法，我们整理了全球不同收入水平国家和地区出生时预期寿命的变动情况。世界银行的分组方法将全球所有国家和地区分为高收入经合组织国家和地区、高收入非经合组织国家和地区、中高收入国家和地区、中低收入国家和低收入国家和地区，我们将高收入经合组织国家和地区和高收入非经合组织国家和地区合并为高收入国家和地区，进而形成高收入国家和地区组、中高收入国家和地区组、中低收入国家和地区组、低收入国家和地区组四个组别。全球出生时预期寿命情况见图 2 – 1 与表 2 – 1 所示。

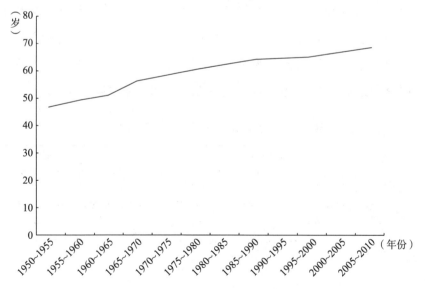

图 2 – 1 全球 1950 年以来平均出生时预期寿命

资料来源：联合国：《2013 年全球人口发展报告》。

　　1950 年以来，世界各国人口出生时预期寿命呈现普遍延长的趋势。1950～1955 年，全球平均出生时预期寿命仅为 46.91 岁，预期寿命低于 40 岁的国家和地区中总人口占全球人口的比例为 27%，预期寿命高于 60 岁的国家和地区中总人口占比不到 29%；2006～2010 年，全球平均出生时预期寿命已经提高至 68.72 岁；2011～2015 年，全球平均出生时预期寿命继续提高至 70 岁，出生时预期寿命高于 70 岁的国家和地区中总人口占比已经超过 66%，预期寿命不到 60 岁的国家和地区人口占比仅为 9%[①]。

　　出生时预期寿命延长是全球普遍现象，无论是发达国家，还是发展中国家，出生时预期寿命都有明显提高。表 2－1 列出了 1960～2010 年全球不同收入水平国家平均出生时预期寿命情况。从表 2－1 中数据来看，1960～2010 年，高收入组国家和地区平均出生时预期寿命从 66.25 岁提高至 77.46 岁，中高收入组国家和地区平均出生时预期寿命从 56.88 岁提高至 71.23 岁，中低收入组国家和地区平均出生时预期寿命从 49.72 岁提高至 64.89 岁，低收入组国家和地区平均出生时预期寿命从 40.98 岁提高至 56.95 岁。

表 2－1　全球出生时预期寿命基本情况

项目	1960～1965	1965～1970	1970～1975	1975～1980	1980～1985	1985～1990	1990～1995	1995～2000	2000～2005	2005～2010
全球平均出生时预期寿命	51.06	56.52	58.82	60.71	62.40	63.99	64.76	65.62	67.10	68.72
高收入组（62个国家和地区）	66.25	67.65	69.03	70.47	71.79	73.02	73.87	75.04	76.29	77.46

[①]　根据 World Population Prospects: The 2012 Revision 和 World Mortality Report 2013 中相关数据整理。

续表

项目	1960 ~ 1965	1965 ~ 1970	1970 ~ 1975	1975 ~ 1980	1980 ~ 1985	1985 ~ 1990	1990 ~ 1995	1995 ~ 2000	2000 ~ 2005	2005 ~ 2010
中高收入组（49个国家和地区）	56.88	59.53	61.85	63.85	65.76	67.39	68.33	69.09	70.02	71.23
中低收入组（47个国家和地区）	49.72	51.99	54.15	56.21	58.21	59.97	61.19	62.06	63.27	64.89
低收入组（34个国家和地区）	40.98	43.02	44.78	46.71	49.3	50.55	50.9	52.15	54.17	56.95

注：数据来源于 World Population Prospects：The 2012 Revision。该数据库中包含人口在 9 万人之上的国家和地区，但全球平均数据包含全球所有国家和地区的人口。

按照预期寿命计算方法，预期寿命延长是各年龄生存概率提高或死亡概率下降的结果。不同年龄组的死亡率下降速度并不一致，因此，不同年龄组死亡率变动对预期寿命延长的贡献存在差异。人口统计学中的因素分解法可以估计出特定年龄组死亡率变动对预期寿命的影响，根据 World Mortality Report 2013 的估计结果，低死亡率组国家预期寿命延长主要是 60 岁及以上年龄组死亡率的下降造成的，1991 ~ 2015 年，低死亡率组国家 60 岁开始的死亡率下降为总预期寿命提高贡献了 2.6 岁，而 15 ~ 60 岁的死亡率下降仅贡献了 1.4 岁，0 ~ 15 岁的少儿期死亡率下降贡献了 0.4 岁；高死亡率组国家预期寿命结构变动情况则恰好相反，预期寿命延长主要归因于少儿期死亡率的下降，0 ~ 15 岁死亡率下降为总预期寿命提高贡献了 2.1 岁，明显高于 15 ~ 60 岁年龄组贡献的 1.4 岁和 60 岁及以上年龄组贡献的 1.1 岁；中低死亡率组的国家预期寿命结构变动的差异较大，部分国家 60 岁及以上年龄组死亡率下降对总预期寿命提高的贡献高于工作期与少儿期预期寿命提高的贡献，而部分国家 15～60 岁的死亡率下降对总预期寿命提高的贡献年数高于 60 岁及以上组和 0～15 岁年龄组的贡献。

第二节 出生时预期寿命对国民储蓄率影响效应的实证分析

一 预期寿命影响储蓄率水平的主要观点

预期寿命的储蓄效应是生命周期理论发展的新领域之一，从 20 世纪 90 年代末期开始，预期寿命开始逐步被纳入生命周期假说的分析框架。Deaton（1994，2000）研究发现，在高储蓄率的东亚地区，几乎所有年龄的个体储蓄都有所增加，这个现象无法由传统生命周期理论解释，而预期寿命延长可以在一定程度上解释这个现象。Lee（1997，2000）提出预期寿命的快速提高是东亚地区储蓄率提高的重要原因，并通过模拟方法提出中国台湾地区储蓄率提高是固定退休年龄条件下人们为了确保预期寿命延长引起的更长时期的老年期消费造成的。Hurd（1998）、Tsai（2000）使用微观家庭数据研究发现预期寿命延长明显提高了家庭储蓄率。Bloom（2007）在指数分布生存函数假设下，分析了预期寿命变动对个体储蓄和总储蓄的影响，研究发现即使在个体可以自由选择退休年龄的情况下，预期寿命的延长依然会引致个体在各个年龄上储蓄率的提高并显著提高总储蓄率水平，而在养老保险存在引致个体在固定年龄退休的机制时，预期寿命延长提高总储蓄率水平的效应更加明显。国内也有一些研究关注了预期寿命延长的储蓄效应，基本以经验研究为主。刘龙生（2012）通过在计量方程中引入预期寿命，利用中国分省面板数据，发现人口预期寿命延长显著提高了中国家庭储蓄率水平。范叙春（2012）利用分省面板数据发现预期寿命延长显著提高了中国的国民储蓄率水平。总体来看，预期寿命储蓄效应研究的基本逻辑是预期寿命延长会使个体老年期生存年限延长，为了维持一定的老年期消费水平，个体将会提高储蓄水平，进而引起国民总储蓄率的上升，而实证研究基本上采取了将出生时预期寿命直接加入储蓄方程进行检验的方法。

二　实证模型的确定与变量的处理

为了检验分段预期寿命对储蓄率的影响效应，参照 Loayza（2000）、Horioka（2007）、刘龙生（2012）等对预期寿命储蓄效应研究中所采用的方法，我们在线性方程模型的基础上引入出生时预期寿命。根据生命周期假说，国民储蓄率由国民收入增长率和人口年龄结构所决定，我们的实证模型则在生命周期理论模型上进一步引入出生时预期寿命，以检验出生时预期寿命对国民储蓄率的影响。实证模型形式如下：

$$s_T = \beta_0 + \beta_1 \cdot g + \beta_2 \cdot youthdepen + \beta_3 \cdot olddepen + \beta_4 \cdot e_0 + \beta_5 \cdot X_i + \varepsilon_T$$

$$(2-4)$$

其中，s_T 为国民储蓄率，计算方式为 GDP 减去总消费额之后占 GDP 的比重。g 为实际国民收入增长率，即按照相同价格计算的各年经济增长率。按照已有研究结论，人口抚养比对总储蓄率具有影响效应，因此，我们在实证模型中加入了抚养比变量，

youthdepen 与 *olddepen* 分别为少儿抚养比与老年抚养比。e_0 为出生时的预期寿命，也是本节的主要关注变量。由于现实中储蓄率的调整需要一定的时间，因此我们将滞后一期的储蓄率加入实证模型，同时，为了控制物价水平的影响，我们还引入了通货膨胀率。实证模型中 X_i 为控制变量，包括滞后一期的储蓄率 $L. s_T$ 及通货膨胀率 *inflation*。实证模型中各变量的含义见表 2 – 2。

表 2 – 2　变量名称及含义

变量名	变量的含义
s_T	国民储蓄率：GDP 减去总消费额之后占 GDP 的比重
$L. s_T$	滞后一期的国民储蓄率
g	经济增长率，按照相同价格计算
youthdepen	少儿抚养比：0 ~ 14 岁人口占 15 ~ 64 岁人口的比例
olddepen	老年抚养比：65 岁及以上人口占 15 ~ 64 岁人口的比例
e_0	出生时预期寿命
inflation	通货膨胀率

我们搜集了包括中国在内的全球 178 个国家和地区 1980 ~ 2010 年的数据，利用面板数据方法对实证模型（2 – 1）进行估计。国民储蓄率、经济增长率、人口抚养比和通货膨胀率数据来自世界银行数据库，出生时预期寿命来自世界银行《2013 年全球人口发展报告》。为了避免短期经济波动对储蓄率的影响，同时减少跨国数据的度量误差，我们参照 Kraay（2000）的方法对所有变量每 5 年取平均值。所有数据描述性统计见表 2 – 3。

表 2 - 3 变量的描述性统计

变量	Obs	Mean	Std. Dev.	Min	Max
s_T	993	16.82	17.61	-125.11	83.10
g	990	3.49	4.56	-21.66	56.84
e_0	1066	65.77	10.28	28.49	82.64
youthdepen	1067	33.48	10.54	12.85	51.73
olddepen	1067	6.58	4.45	0.47	21.67
inflation	876	42.49	286.01	-4.25	6517.11

第三节 实证分析结果

一 固定效应方法实证分析结果

我们首先使用固定效应方法对实证模型式（2-1）进行估计。表2-4中模型(1)~(3)为实证分析结果。模型（1）自变量仅包含经济增长率与出生时预期寿命，模型（2）在模型（1）的基础上自变量增加了人口抚养比变量，模型（3）在模型（2）的基础上进一步加入了滞后一期的储蓄率与通货膨胀率作为自变量。

表 2 - 4 实证分析结果

变量	模型（1） FE	模型（2） FE	模型（3） FE
$L. s_T$			0.463 (11.60)***
g	0.175 (2.41)**	0.158 (2.17)**	0.359 (4.39)***

续表

变量	模型（1）FE	模型（2）FE	模型（3）FE
e_0	0.493 (5.01)***	0.523 (4.56)***	0.345 (3.04)***
youthdepen		−0.300 (−2.38)**	−0.169 (−1.36)
olddepen		−1.346 (−3.61)***	−0.441 (−1.14)
inflation			−0.0003 (−0.38)
Cons	−16.53 (−2.56)**	0.552 (0.05)	9.038 (0.58)
R^2	0.04	0.06	0.25
Observations	969	969	729
Number of groups	178	178	170

注：利用 Stata 13.1 进行估计，括号内为 t 值，*为在 10% 水平上显著，**为在 5% 水平上显著，***为在 1% 水平上显著。下同。

模型（1）自变量只包括经济增长率与分段预期寿命，从估计结果来看，出生时预期寿命对国民储蓄率具有显著的正向影响。模型（2）在模型（1）的基础上加入人口抚养比，出生时预期寿命系数依然显著为正。模型（3）进一步加入了滞后一期的国民储蓄率与通货膨胀率，估计结果与模型（1）和（2）基本一致，出生时预期寿命的国民储蓄率效应显著为正。三个模型中经济增长率的系数均为正值，抚养比对国民储蓄率的影响效应为负，与已有研究结论基本一致。固定效应模型估计结果显示，出生时预期寿命对国民储蓄率的影响效应为正且通过显著性检验，出生时预期寿命的延长会提高国民储蓄率水平。

二　动态面板方法实证分析结果

为了避免经济增长率和滞后一期储蓄率的内生性问题，我们进一步使用动态面板估计方法进行了估计。表 2 - 5 中模型（4）~（7）为动态面板方法实证分析结果。模型（4）与（5）为差分广义矩方法估计结果，模型（6）与（7）为系统广义矩方法估计结果。模型（4）与（6）自变量包含经济增长率、分段预期寿命与人口抚养比，模型（5）与（7）分别在模型（4）与（6）的基础上进一步增加了滞后一期的国民储蓄率、通货膨胀率与时间虚拟变量。

表 2 - 5　动态面板方法实证分析结果

变量	模型（4）差分 GMM	模型（5）差分 GMM	模型（6）系统 GMM	模型（7）系统 GMM
$L. s_T$	0.417 (3.82)***	0.484 (4.18)***	0.507 (3.12)***	0.554 (2.07)**
g	0.160 (1.85)*	0.550 (1.90)*	1.213 (1.98)**	2.254 (2.01)**
e_0	0.480 (1.89)*	0.312 (1.87)*	0.254 (1.99)**	0.198 (2.00)**
$youthdepen$	-0.295 (-1.74)*	-0.133 (-0.65)	-0.936 (-4.38)***	-0.415 (-1.25)
$olddepen$	-0.575 (-1.07)	0.302 (0.44)	-1.359 (-3.07)***	-0.272 (-0.34)
$inflation$		-0.004 (0.12)		0.004 (0.58)

续表

变量	模型（4）差分 GMM	模型（5）差分 GMM	模型（6）系统 GMM	模型（7）系统 GMM
Cons			35.813 (2.25)**	11.262 (0.57)
Year 1		1.254 (1.37)		1.682 (1.36)
Year 2		0.194 (0.26)		2.476 (0.64)
Year 3		−0.516 (−0.95)		−0.909 (0.62)
Year 4		−0.299 (−0.60)		−1.663 (−0.63)
Observations	789	628	969	729
Number of groups	177	175	178	170
Arellano-Bond test for AR（1）P 值	0.155	0.013	0.390	0.030
Arellano-Bond test for AR（2）P 值	0.524	0.791	0.054	0.904
Hansen test of overid P 值	0.462	0.111	0.981	0.170

注：广义矩估计均为 ONE-STEP 方法，取异方差稳健标准误，下同。

模型（4）至模型（7）为动态面板估计。在动态面板估计中，我们将滞后一期的储蓄率与经济增长率作为内生变量，将人口结构、预期寿命、通货膨胀率等其他相关变量作为外生变量和前定变量，并采取一步广义矩估计方法（ONE-STEP）同时取异方差稳健标准误。Roodman（2008）提出，在进行一步广义矩估计并且取异方差稳健标准误的情况下，Hansen 检验要优于 Sargan 检验，因此，我们报告了 Hansen 检验的 P 值，估计结果的 Hansen 统计量 P 值都在 0.1 以上，Arellano-Bond 统计量通过检验，从总体上来看，动态面板估计是有效的。模型（4）为自变量包括经济增长率、分段预期寿命以及人口抚养比的差分广义矩估计，估计结果显示，出生时预期寿命对国民储蓄率的影响效应显著为正。模型（5）在模型（4）的基础上进一步加入了通货膨胀率、滞后一期的储蓄率与时间虚拟变量，估计结果显示出生时预期寿命的系数依然为正。模型（6）为自变量包括经济增长率、分段预期寿命以及人口抚养比的系统广义矩估计，模型（7）在模型（6）的基础上进一步加入了通货膨胀率、滞后一期的储蓄率与时间虚拟变量，从估计结果来看，动态面板方法估计结果与固定效应方法估计结果类似，出生时预期寿命的系数均为正值。综合固定效应模型和动态面板模型的实证估计结果，从总体上来看，出生时预期寿命对国民储蓄率影响具有正向影响，出生时预期寿命的延长会提高国民储蓄率水平。

第四节　本章小结

本章主要分析了全球以及不同国家和地区出生时预期寿命情况，以及出生时预期寿命变动对国民储蓄率的影响。主要得出以下结论。

第一，1950 年以来，世界各国人口出生时预期寿命呈现普遍延长的趋势，1950～1955 年全球平均出生时预期寿命仅为 46.91

岁，2005～2010 年已经提高至 68.72 岁。1960～2010 年，高收入组国家和地区平均出生时预期寿命从 66.25 岁提高至 77.46 岁，中高收入组国家和地区平均出生时预期寿命从 56.88 岁提高至 71.23 岁，中低收入组国家和地区平均出生时预期寿命从 49.72 岁提高至 64.89 岁，低收入组国家和地区平均出生时预期寿命从 40.98 岁提高至 56.95 岁。

第二，利用 178 个国家 1980～2010 年的面板数据，我们对出生时预期寿命对国民储蓄率的影响效应进行了实证分析。固定效应方法和动态面板方法估计结果显示，出生时预期寿命的系数均为正值，出生时预期寿命的延长具有提高国民储蓄率的效应。

第三章　分段预期寿命及其变动规律

本章主要分析分段预期寿命的计算方法，并分析全球各国分段预期寿命的变动规律。一是利用寿险精算方法，以预期寿命计算方法为基础，将 15 岁开始的预期寿命划分为工作期预期寿命与老年期预期寿命；二是利用联合国人口数据，分别计算全球各国及地区 1950～2010 年的工作期预期寿命与老年期预期寿命；三是总结不同发展水平的国家和地区分段预期寿命的变动规律并分析其成因。

第一节　分段预期寿命的基本概念及计算方法

某一年龄上开始的预期寿命是该年龄开始未来生存年数的数学期望值。按照前一章中预期寿命的计算公式，x 岁开始的预期寿命可以表示为：

$$e_x = E[T_x] = \int_0^{\omega-x} t \cdot f_x(t) \cdot dt = \int_0^{\omega-x} s_x(t) \cdot dt \qquad (3-1)$$

根据式（3-1），x 岁开始的预期寿命可以表示为 x 岁开始到所有时期的生存概率之和。进一步，可以将 x 岁开始的预期寿命表示为不同时期分段预期寿命之和。例如，可以将 x 岁开始的预期寿命分成两段，分别为 x 岁至 $x+a$ 岁之间的分段预期寿命和 $x+a$ 岁至最大寿命 ω 岁之间的分段预期寿命。

$$
\begin{aligned}
e_x &= \int_0^{\omega-x} s_x(t) \cdot dt \\
&= \int_0^a s_x(t) \cdot dt + \int_a^{\omega-x} s_x(t) \cdot dt \\
&= \int_0^a s_x(t) \cdot dt + s_a(x) \int_0^{\omega-a-x} s_{x+a}(t) \cdot dt \\
&= e_{x \sim x+a} + e_{x+a \sim \omega}
\end{aligned}
\tag{3-2}
$$

其中，$e_{x \sim x+a} = \int_0^a s_x(t) \cdot dt$，我们将之定义为 x 岁至 $x+a$ 岁之间的分段预期寿命；$e_{x+a \sim \omega} = s_a(x) \int_0^{\omega-a-x} s_{x+a}(t) \cdot dt$ 为 $x+a$ 岁开始的预期寿命折算至 x 岁的精算现值，我们将之定义为 $x+a$ 岁至最大寿命 ω 岁之间的分段预期寿命。例如，如果 $x=15$，$a=45$，则可以计算出 $15 \sim 60$ 岁的分段预期寿命和 60 岁之后的分段预期寿命。需要指出的是，$x+a$ 岁至最大寿命 ω 岁之间的分段预期寿命并不是 $x+a$ 岁开始的预期寿命，而是 $x+a$ 岁开始的预期寿命与 $S_a(x)$ 的乘积，即 $x+a$ 岁开始的预期寿命折算至 x 岁的精算现值，其意义是 x 岁的人从 $x+a$ 岁开始的生存年数在 x 岁时的期望值。按照这种方法，理论上我们可以将 x 岁开始的预期寿命分成任意段，每一时期的分段预期寿命即为生命中各时段的生存年数在 x 岁时的精算现值。

将某一年龄开始的预期寿命进一步划分为分段预期寿命具有

以下两个作用。第一，可以更加准确地分析预期寿命变动的原因。不同年龄死亡率变动规律存在差异，特别是不同年龄死亡率下降具有时间上的先后。将预期寿命划分为不同年龄段的分段预期寿命，可以通过分段预期寿命的变动观察到不同年龄组个体死亡率变动对预期寿命延长的贡献，并判断预期寿命延长的主要原因。第二，可以更加准确地分析预期寿命变动对经济社会的影响。预期寿命延长具有深刻的经济与社会影响，但不同生命时段的分段预期寿命可能具有不同的效应，如果仅是分析预期寿命整体变动的影响效应，可能混淆分段预期寿命的影响，而具体分析不同生命时段的影响效应，则可以将预期寿命对经济社会的影响效应研究引向深入。

第二节　全球工作期与老年期分段预期寿命测算

一　工作期与老年期分段预期寿命的划分

本书的研究目的是分析预期寿命对储蓄率的影响。按照生命周期理论，个体在工作期获得收入之后才会开始进行消费与储蓄决策，因此，我们认为将工作期开始的预期寿命变动作为自变量来研究预期寿命变动对储蓄率的影响，会比使用出生时开始的预期寿命作为自变量更为适当和准确。同时，生命周期理论将个人一生划分为工作期与老年期，而工作期分段预期寿命与老年期分段预期寿命对储蓄率可能具有不同的影响效应。老年期分段预期寿命延长将引致个体退休期消费的精算现值提高，个体会通过提高储蓄水平以实现一生收入与消费的平衡；

而工作期预期寿命延长会同时提高个体对一生收入与消费的期望值，因此工作期预期寿命延长对储蓄率的影响效应应该小于老年期预期寿命延长的效应。如果一生收入期望值的提高超过了一生收入现值的变动，工作期分段预期寿命延长还可能引起储蓄率的下降。

目前，对劳动力的年龄界定一般从 15 岁开始，因此，我们假设 15 岁为工作期开始年龄，对老年人口的年龄界定有 60 岁和 65 岁两种方法，我们将 60 岁设定为退休期开始年龄。尽管各个国家个体的起始工作年龄与退出劳动力市场的年龄不同，但个体工作期预期寿命与退休期预期寿命应该分别与 15～60 岁预期寿命以及 60 岁开始的预期寿命相关，即 15～60 岁预期寿命以及 60 岁开始的预期寿命是个体工作期预期寿命与退休期预期寿命有效的代理变量。我们将 15 岁开始的预期寿命划分为 15～60 岁工作期分段预期寿命和 60 岁开始的老年期分段预期寿命，按照式（3-2），工作期分段预期寿命和老年期分段预期寿命可以分别表示为：

$$e_{15\sim60} = \int_0^{45} s_{15}(a)\,da = e_{15} - s_{15}(45) \cdot e_{60} \qquad (3-3)$$

$$e_{60\sim\omega} = s_{15}(45) \int_0^{\omega-60} s_{60}(a)\,da = s_{15}(45) \cdot e_{60} \qquad (3-4)$$

其中，$e_{15\sim60}$ 为个体工作期分段预期寿命，$e_{60\sim\omega}$ 为个体老年期分段预期寿命。利用联合国人口信息网中预期寿命及生存概率的相关数据，我们进一步测算了全球 192 个国家和地区 1960～2010 年工作期与老年期分段预期寿命情况。

二 全球工作期与老年期分段预期寿命测算

1. 数据来源

我们使用联合国经济与社会理事会中的人口与发展委员会发布的 World Population Prospects：The 2012 Revision 中"死亡率"（Mortality）分项中 60 岁开始的预期寿命、15 岁开始的预期寿命和 15 岁开始存活至 60 岁的概率三项指标数值作为基础数据，来计算全球各个国家及地区的工作期与老年期分段预期寿命。数据库中包含了全球 192 个国家及地区预期寿命及生存概率相关指标数值，我们按照世界银行对全球各国和地区按照收入水平进行分组的标准，进一步将联合国数据库中所有国家和地区分为四组，分别为高收入组、中高收入组、中低收入组和低收入组。其中，高收入组包括世界银行分类标准中的"高收入非经合组织国家和地区"和"高收入经合组织国家和地区"，中高收入组包括世界银行分类标准中"中高等收入国家和地区"，中低收入组包括世界银行分类标准中"中低等收入国家和地区"，低收入组包括世界银行分类标准中"低收入国家和地区"。数据的时间跨度选取为 1960～2010 年，数据为 5 年一个时间间隔，具体为 1960～1965、1965～1970、1970～1975、1975～1980、1980～1985、1985～1990、1990～1995、1995～2000、2000～2005、2005～2010。

2. 全球工作期分段预期寿命测算

我们将 15 岁开始的预期寿命进一步划分为 15～60 岁工作期分段预期寿命与 60 岁开始的老年期分段预期寿命，利用分段预期寿

命计算公式（3-3）和（3-4），我们测算了 1960~2010 年全球
192 个国家和地区的工作期与老年期分段预期寿命，工作期分段预
期寿命计算结果见表 3-1。表 3-1 中，我们报告了全球工作期分
段预期寿命平均情况，以及高收入组、中高收入组、中低收入组
和低收入组工作期分段预期寿命的平均情况，另外，我们也在四
个收入组中分别选取了 5 个代表性国家和地区并列出工作期分段预
期寿命情况。

表 3-1　全球平均工作期分段预期寿命情况

年份	1960~1965	1965~1970	1970~1975	1975~1980	1980~1985	1985~1990	1990~1995	1995~2000	2000~2005	2005~2010
全球平均（192 个国家和地区）	**39.34**	**40.66**	**41.27**	**41.58**	**41.80**	**42.04**	**42.09**	**42.11**	**42.19**	**42.43**
高收入组（62 个国家和地区）	**42.22**	**42.43**	**42.61**	**42.82**	**43.02**	**43.22**	**43.28**	**43.41**	**43.55**	**43.71**
日本	41.81	43.20	43.42	43.71	43.86	44.00	44.09	44.12	44.17	44.22
中国香港	42.87	43.12	43.34	43.53	43.70	43.87	44.01	44.14	44.26	44.37
挪威	43.61	43.63	43.64	43.72	43.77	43.75	43.88	43.97	43.99	44.15
新西兰	43.11	43.15	43.14	43.20	43.38	43.40	43.61	43.73	43.93	44.01
美国	42.81	42.71	42.75	43.04	43.24	43.27	43.27	43.45	43.54	43.58
中高收入组（49 个国家和地区）	**40.63**	**41.13**	**41.54**	**41.83**	**41.91**	**42.27**	**42.28**	**42.26**	**42.18**	**42.39**
安哥拉	34.56	35.15	35.72	36.28	36.43	36.62	36.57	36.73	37.39	37.93
阿根廷	42.34	42.38	42.55	42.71	42.92	42.99	43.14	43.24	43.31	43.44
巴西	40.13	40.57	40.97	41.31	41.49	41.63	41.78	41.99	42.18	42.45
约旦	39.61	40.44	41.31	42.06	42.54	42.91	43.16	43.33	43.47	43.60

续表

年份	1960 ~ 1965	1965 ~ 1970	1970 ~ 1975	1975 ~ 1980	1980 ~ 1985	1985 ~ 1990	1990 ~ 1995	1995 ~ 2000	2000 ~ 2005	2005 ~ 2010
马来西亚	41.11	41.51	41.89	42.21	42.49	42.75	42.96	43.17	43.34	43.43
中低收入组 (47 个国家和地区)	**38.52**	**39.05**	**39.56**	**39.97**	**40.37**	**40.68**	**40.82**	**40.72**	**40.71**	**41.16**
玻利维亚	38.15	38.55	38.97	39.42	39.90	40.31	40.61	41.05	41.35	41.60
不丹	32.98	33.40	34.42	35.64	36.68	37.69	38.77	39.80	40.72	41.51
喀麦隆	36.89	37.43	38.00	38.56	39.02	39.23	39.03	38.15	37.28	37.71
埃及	41.59	41.81	42.03	42.21	42.40	42.56	42.71	42.85	42.97	43.10
加纳	37.86	38.28	38.61	38.98	39.33	39.85	40.42	39.81	39.74	40.54
低收入组 (34 个国家和地区)	**36.23**	**36.81**	**37.35**	**37.53**	**38.54**	**38.79**	**38.45**	**38.27**	**38.40**	**39.30**
阿富汗	33.50	34.33	35.09	35.76	36.49	37.53	38.57	39.35	39.84	40.46
孟加拉	39.91	40.34	40.57	41.13	41.50	41.83	42.15	42.45	42.75	42.98
科摩罗	37.00	37.55	38.16	38.63	39.14	39.63	39.92	40.20	40.49	40.76
中非共和国	35.55	36.25	37.20	38.04	38.06	36.59	34.76	33.94	34.08	35.40
埃塞俄比亚	36.22	36.75	37.11	37.29	37.11	37.62	37.73	37.78	38.12	39.66

注：根据 World Population Prospects：The 2012 Revision 中相关数据，利用公式（3-3）计算。

表 3-1 中数据显示，1960 年以来，全球平均工作期分段预期寿命总体呈现逐步提高的趋势，1960 ~ 1965 年全球平均工作期分段预期寿命为 39.34 岁，2005 ~ 2010 年已经提高至 42.43 岁。从不同分组情况来看，收入水平较高的国家和地区组，工作期分段预期寿命也相对较高。高收入组的工作期分段预期寿命最高，上升趋势也最为稳定，从 1960 ~ 1965 年的 42.22 岁提高至 2005 ~ 2010

年的 43.71 岁；中高收入组的工作期分段预期寿命略低于高收入组，从 1960～1965 年的 40.63 岁提高至 2005～2010 年的 42.39 岁；中低收入组的工作期分段预期寿命略低于中高收入组，从 1960～1965 年的 38.52 岁提高至 2005～2010 年的 41.16 岁；在四个组中低收入组的工作期分段预期寿命最低，自 1960～1965 年的 36.23 岁提高至 2005～2010 年的 39.30 岁。从不同国家情况来看，工作期预期寿命在不同国家和地区之间的差异比较明显，目前工作期分段预期寿命最高的几个国家或地区，例如，日本、中国香港、挪威等，工作期分段预期寿命已经超过了 44 岁，基本接近最高值 45 岁，而工作期分段预期寿命较低的国家和地区，例如阿富汗、科摩罗等，工作期分段预期寿命仅在 40 岁左右，中非共和国工作期分段预期寿命仅仅在 35 岁左右。

3. 全球老年期分段预期寿命测算

老年期分段预期寿命计算结果见表 3-2。表 3-2 中，我们报告了全球老年期分段预期寿命平均情况，以及高收入组、中高收入组、中低收入组和低收入组分段预期寿命的平均情况，另外，我们也在四个收入组中分别选取了 5 个代表性国家和地区并列出分段预期寿命情况。

表 3-2　全球平均老年期分段预期寿命情况

年份	1960～1965	1965～1970	1970～1975	1975～1980	1980～1985	1985～1990	1990～1995	1995～2000	2000～2005	2005～2010
全球平均（192 个国家和地区）	9.93	11.83	12.74	13.40	13.85	14.35	14.61	14.91	15.63	16.37

续表

年份	1960～1965	1965～1970	1970～1975	1975～1980	1980～1985	1985～1990	1990～1995	1995～2000	2000～2005	2005～2010
高收入组（62 个国家和地区）	**13.61**	**13.98**	**14.47**	**15.11**	**15.75**	**16.42**	**16.99**	**17.68**	**18.56**	**19.44**
日本	13.88	14.91	16.13	17.67	18.92	20.17	20.96	21.87	23.08	23.82
中国香港	14.44	15.45	16.31	17.17	18.03	18.9	19.83	20.75	22.48	23.33
挪威	16.74	16.86	17.06	17.56	18.05	18.14	18.9	19.76	20.68	21.82
新西兰	15.12	15	15.23	15.85	16.6	17.09	18.54	19.45	20.73	21.82
美国	14.65	14.78	15.33	16.62	17.32	17.71	18.33	18.8	19.37	20.28
中高收入组（49 个国家和地区）	**11.53**	**12.2**	**12.82**	**13.3**	**13.78**	**14.4**	**14.63**	**14.91**	**15.34**	**15.99**
安哥拉	5.81	6.31	6.82	7.34	7.5	7.69	7.75	8.16	9.1	9.63
阿根廷	13.46	13.67	14.13	14.59	15.23	15.61	16.3	17.07	17.54	18.25
巴西	11.79	12.61	13.21	13.62	12.75	13.78	14.81	15.75	16.56	17.38
约旦	10.13	11.04	12.15	13.14	13.82	14.5	15.05	15.42	15.87	16.21
马来西亚	11.23	11.86	12.46	13.06	13.64	14.19	14.73	15.24	15.75	16.22
中低收入组（47 个国家和地区）	**9.42**	**10.03**	**10.59**	**11.18**	**11.67**	**12.11**	**12.33**	**12.42**	**12.8**	**13.41**
玻利维亚	8.73	9.14	9.57	10.31	11.19	11.96	12.59	13.2	13.75	14.4
不丹	4.97	5.37	6.17	7.14	8.07	9.04	10.23	11.56	13.01	14.62
喀麦隆	8.03	8.61	9.29	9.93	10.47	10.74	10.68	10.03	9.4	9.82
埃及	12.51	12.79	13.09	12.34	13.55	13.73	13.92	14.04	14.15	14.30
加纳	8.38	8.77	9.11	9.49	9.85	10.44	11.11	10.38	10.31	11.29
低收入组（34 个国家和地区）	**7.28**	**7.82**	**8.32**	**8.82**	**9.60**	**9.97**	**9.90**	**9.88**	**10.14**	**11.08**

续表

年份	1960～1965	1965～1970	1970～1975	1975～1980	1980～1985	1985～1990	1990～1995	1995～2000	2000～2005	2005～2010
阿富汗	4.92	5.50	6.06	6.60	7.21	8.18	9.17	9.93	10.44	11.12
孟加拉	10.88	11.56	10.55	12.77	13.25	13.65	14.00	14.37	14.74	15.11
科摩罗	7.68	8.18	8.78	9.25	9.73	10.24	10.54	10.85	11.16	11.48
中非共和国	6.69	7.36	8.36	9.35	9.61	8.82	7.8	7.36	7.42	8.24
埃塞俄比亚	7.35	7.89	8.26	8.46	8.24	8.89	9.19	9.56	10.23	12.02

资料来源：根据 World Population Prospects：The 2012 Revision 中相关数据，利用公式（3－4）计算。

表 3－2 中数据显示，1960 年以来，全球平均老年期分段预期寿命总体上不断提高，从 1960～1965 年的 9.93 岁提高至 2005～2010 年的 16.37 岁。从不同分组情况来看，收入水平较高的国家和地区组，老年期分段预期寿命也相对较高。高收入组的老年期分段预期寿命最高，上升趋势也最为稳定，从 1960～1965 年的 13.61 岁提高至 2005～2010 年的 19.44 岁；中高收入组的老年期分段预期寿命略低于高收入组，从 1960～1965 年的 11.53 岁提高至 2005～2010 年的 15.99 岁；中低收入组的老年期分段预期寿命略低于中高收入组，从 1960～1965 年的 9.42 岁提高至 2005～2010 年的 13.41 岁；在四个组中低收入组的老年期分段预期寿命最低，自 1960～1965 年的 7.28 岁提高至 2005～2010 年的 11.08 岁。从不同国家情况来看，老年期预期寿命在不同国家和地区之间的差异更加明显，目前老年期分段预期寿命最高的几个国家和地区，例如，日本、中国香港等，老年期分段预期寿命已经超过了 23 岁，而老年期分段预期寿命较低的国家和地区，例如科摩罗、阿富汗

等，老年期分段预期寿命仅在 11 岁左右，中非共和国老年期分段预期寿命仅仅在 8.24 岁左右。

第三节　工作期与老年期分段预期寿命变动规律、成因及趋势

一　工作期与老年期分段预期寿命变动规律

从分段预期寿命测算结果来看，1960～2010 年，不同组别工作期分段预期寿命和老年期分段预期寿命均有所提高，但不同组别显示出不同的特征。高收入组 15 岁开始的预期寿命延长主要是由老年期分段预期寿命引起的，1960～2010 年，老年期分段预期寿命提高了 5.83 岁，且近年来上升趋势明显，而工作期分段预期寿命仅提高了 1.49 岁，并且目前已经基本稳定并逐步接近 15～60 岁阶段的死亡率为 0 的最高值 45 岁；低收入组中工作期分段预期寿命与老年期分段预期寿命对 15 岁开始预期寿命延长的贡献都比较明显，工作期分段预期寿命提高了 3.07 岁，距离 45 岁的最高值还有一定的提高空间，老年期分段预期寿命提高了 3.8 岁，距离高收入组尚有较大差距；中高收入组以及中低收入组的分段预期寿命基本介于高收入组与低收入组之间。

样本中四类分组分段预期寿命变动情况大致显示出以下规律。第一，高收入组 15 岁开始的预期寿命提高表现为老年期分段预期寿命延长主导模式，老年期分段预期寿命延长趋势明显，且提高的幅度明显高于工作期分段预期寿命提高的幅度，而工作期分段预期寿命已经基本稳定并接近该时段死亡概率为 0 时的分段预期寿

命最高值 45 岁。从平均水平来看，1980～1985 年高收入组工作期分段预期寿命开始稳定在 43 岁以上，至 2005～2010 年仅仅提高了 0.69 岁，在此段时间内，老年期预期寿命提高了 3.69 岁。第二，低收入组 15 岁开始的预期寿命提高表现为工作期分段预期寿命与老年期分段预期寿命共同主导模式，工作期分段预期寿命与老年期分段预期寿命均有明显提高，并且工作期分段预期寿命与老年期分段预期寿命均处于明显上升趋势，同时，相较于高收入组，低收入组的工作期分段预期寿命与老年期分段预期寿命都还有较大的提高空间。第三，随着工作期分段预期寿命与老年期分段预期寿命的同步提高，工作期分段预期寿命在高收入组与其他组别之间的差距正在缩小，而老年期分段预期寿命的差距却在扩大。以高收入组与低收入组为例，1960～1965 年两个组别工作期分段预期寿命差距为 5.99 岁，2005～2010 年差距已经缩小至 4.41 岁，而老年期分段预期寿命在 1960～1965 年的差距为 6.33 岁，2005～2010 年已经扩大至 8.36 岁。

二　工作期与老年期分段预期寿命变动规律的成因及未来趋势

不同组别分段预期寿命变动特征存在差别的原因，在于分段死亡概率变动存在差异。式（3-3）和（3-4）显示，工作期预期寿命 $z_{15\sim60}$ 由 15 岁开始至 60 岁达到老年时之前各时点的生存概率 $s_a(15)$ 决定，而老年期预期寿命 $e_{60\sim\omega}$ 由 60 岁开始至最大寿命之前各时点的生存概率 $s_a(60)$ 以及 15 岁生存至 60 岁的概率 $s_{45}(15)$ 共同决定。随着经济社会的发展以及医疗水平的提高，不同收入组中，不同年龄组人群的死亡概率下降存在差异。从高收入组来看，由于工作年龄人口较为年轻、身体条件较好，社会的稳定、医疗条件的改善使得原来即相对较低的 15 岁开始至 60 岁之前的死亡概率快速下降，并比老年期死亡概率较早达到在当前人类身体条件和医疗条件所能达到的一个稳定水平，进而引起工作期分段预期寿命提高之后的相对稳定；而 60 岁开始的死亡概率则由于老年人口身体条件相对较差等原因，医疗水平的改善和社会的发展，尽管使原本即相对较高的老年期死亡率下降，但尚未使该阶段的死亡率下降至稳定水平，从而在工作期分段预期寿命相对稳定时，老年期分段预期寿命依然表现出延长的趋势。从低收入组来看，社会的发展进步以及医疗条件的改善程度有限，目前 15 岁开始至 60 岁之前的死亡概率依然处于下降之中，尚未达到高收入组的稳定水平，因此工作期分段预期寿命依然表现为不断提高；60 岁开始的死亡概率也尚未稳定并依然不断下降，因此表现为老年期分段预期寿命与工作期分段预期寿命同步延长。

由于工作期人口身体条件相对较好等原因，在相同社会发展水平和医疗水平条件下，工作期人口的死亡率会比老年期死亡率更快稳定，因此，15 岁开始的预期寿命延长模式，有从工作期分段预期寿命与老年期分段预期寿命共同主导的延长模式向老年期分段预期寿命延长主导模式转变的趋势。目前各个收入组别的差异已经在一定程度上证明了预期寿命延长模式的转变趋势，工作期分段预期寿命在组别之间不断缩小，将使收入水平相对较低组别的工作期分段预期寿命快于老年期分段预期寿命，实现与高收入组别的趋同而稳定在较高水平，而目前与高收入国家和地区组别差距较大的老年期预期寿命将是未来预期寿命延长的主要原因，这个情况在中高收入组和中低收入组表现得尤为明显，而低收入组别可能还要经过一段相对较长时间的工作期分段预期寿命与老年期分段预期寿命延长同步主导阶段才会过渡到高收入组别经历的老年期分段预期寿命延长主导模式。

第四节　本章小结

本章主要分析了分段预期寿命的计算方法，并使用联合国经济与社会理事会中的人口与发展委员会发布的 World Population Prospects：The 2012 Revision 中"死亡率"（Mortality）分项中 60 岁开始的预期寿命、15 岁开始的预期寿命和 15 岁开始存活至 60 岁的概率三项指标数值对全球工作期与老年期分段预期寿命进行测算，分析分段预期寿命的变动规律、趋势及成因。本章主要得出以下研究结论。

第一，可以将某一时点上的分段预期寿命定义为生命中各时段的生存年数在该点上的精算现值。例如，可以将 x 岁开始的预期寿命分成两段，分别为 x 岁至 $x+a$ 岁之间的分段预期寿命和 $x+a$ 岁至最大寿命 ω 岁之间的分段预期寿命。$e_{x \sim x+a} = \int_0^a s_x(t) \cdot dt$，我们将之定义为 x 岁至 $x+a$ 岁之间的分段预期寿命；$e_{x+a \sim \omega} = s_a(x) \int_0^{\omega-a-x} s_{x+a}(t) \cdot dt$ 为 $x+a$ 岁开始的预期寿命折算至 x 岁的精算现值，我们将之定义为 $x+a$ 岁至最大寿命 ω 岁之间的分段预期寿命。

第二，个体在工作期获得收入之后才会开始进行消费与储蓄决策，因此，将工作期开始的预期寿命变动作为自变量来研究预期寿命变动对储蓄率的影响更为适当和准确。对劳动力的年龄界定一般从 15 岁开始，因此，我们假设 15 岁为工作期开始年龄，对老年人口的年龄界定有 60 岁和 65 岁两种方法，我们将 60 岁设定为退休期开始年龄。我们将 15 岁开始的预期寿命划分为 15 ~ 60 岁工作期分段预期寿命和 60 岁开始的老年期分段预期寿命，工作期分段预期寿命 $z_{15 ~ 60}$ 和老年期分段预期寿命 $z_{60 ~ \omega}$ 可以分别表示为；$e_{15 ~ 60} = \int_0^{45} s_{15}(a) da = e_{15} - s_{15}(45) \cdot e_{60}$ 和 $e_{60 ~ \omega} = s_{15}(45) \int_0^{\omega ~ 60} s_{60}(a) da = s_{15}(45) \cdot e_{60}$。

第三，1960 年以来，全球平均工作期分段预期寿命总体呈现逐步提高的趋势，1960 ~ 1965 年全球平均工作期分段预期寿命为39.34 岁，2005 ~ 2010 年已经提高至 42.43 岁。从不同分组情况来看，收入水平较高的国家和地区组，工作期分段预期寿命也相对较高。高收入组的工作期分段预期寿命从 1960 ~ 1965 年的 42.22 岁提高至 2005 ~ 2010 年的 43.71 岁；中高收入组的工作期从 1960 ~ 1965年的 40.63 岁提高至 2005 ~ 2010 年的 42.39 岁；中低收入组从1960 ~ 1965 年的 38.52 岁提高至 2005 ~ 2010 年的 41.16 岁；低收入组从 1960 ~ 1965 年的 36.23 岁提高至 2005 ~ 2010 年的 39.30岁。从不同国家情况来看，工作期预期寿命在不同国家和地区之间的差异比较明显，日本、中国香港、挪威等，工作期分段预期寿命已经超过了 44 岁，阿富汗、科摩罗等，工作期分段预期寿命仅在 40 岁左右，中非共和国工作期分段预期寿命仅仅在 35 岁左右。

全球平均老年期分段预期寿命总体上也在不断提高，从

1960～1965 年的 9.93 岁提高至 2005～2010 年的 16.37 岁。从不同分组情况来看，收入水平较高的国家和地区组，老年期分段预期寿命也相对较高。高收入组的老年期分段预期寿命从 1960～1965 年的 13.61 岁提高至 2005～2010 年的 19.44 岁；中高收入组从 1960～1965 年的 11.53 岁提高至 2005～2010 年的 15.99 岁；中低收入组从 1960～1965 年的 9.42 岁提高至 2005～2010 年的 13.41 岁；低收入组从 1960～1995 年的 7.28 岁提高至 2005～2010 年的 11.08 岁。从不同国家情况来看，老年期预期寿命在不同国家和地区之间的差异更加明显，日本、中国香港等，老年期分段预期寿命已经超过了 23 岁，而科摩罗、阿富汗等，老年期分段预期寿命仅在 11 岁左右，中非共和国老年期分段预期寿命仅仅在 8.24 岁左右。

第四，样本中四类分组分段预期寿命变动情况大致显示出以下规律。其一，高收入组 15 岁开始的预期寿命提高表现为老年期分段预期寿命延长主导模式，老年期分段预期寿命延长趋势明显，而工作期分段预期寿命已经基本稳定。其二，低收入组 15 岁开始的预期寿命提高表现为工作期分段预期寿命与老年期分段预期寿命共同主导模式，工作期分段预期寿命与老年期分段预期寿命均有明显提高。其三，随着工作期分段预期寿命与老年期分段预期寿命的同步提高，工作期分段预期寿命在高收入组与其他组别之间的差距正在缩小，而老年期分段预期寿命的差距却在扩大。不同组别分段预期寿命变动特征存在差别的原因，在于不同类型分组中分段死亡概率变动存在差异。由于工作期人口身体条件等原因，在社会发展水平和医疗水平相同的条件下，工作期人口的死亡率会比老年期死亡率更快稳定，因此，15 岁开始的预期寿命延长模式，有从工作期分段预期寿命与老年期分段预期寿命共同主导的延长模式向老年期分段预期寿命延长主导模式转变的趋势。

第四章　分段预期寿命对国民储蓄率
影响效应的实证分析

本章以生命周期理论为基础，利用实证分析方法检验分段预期寿命对储蓄率的影响效应。一是以生命周期理论为基础，在目前针对预期寿命储蓄效应的研究中所广泛使用的简单线性模型中引入分段预期寿命变量，以构建分段预期寿命储蓄效应的实证模型；二是以联合国人口数据为基础，利用固定效应方法和动态面板方法对实证模型进行实证分析，以检验工作期与老年期分段预期寿命对国民储蓄率的影响效应。

第一节　模型设定与变量界定

一　实证模型的设定

从预期寿命影响储蓄率的现有研究来看，理论研究的基本逻辑是在出生时预期寿命延长的条件下，个体会为了在老年期保持一定的消费水平而提高储蓄水平，进而引起总储蓄率的提高；而实证研究的方法基本上是在总储蓄率方程中直接加入出生时预期寿命以检验其对总储蓄率的影响效应。尽管生存概率和预期寿命逐步被纳入生命周期理论的分析框架，但是，目前的研究在以下两个方面可能依然需要进一步的深化与完善。第一，尽管目前已有的研究都使用了"出生时预期寿命"来分析预期寿命延长的储蓄效应，但是，现实中个体是在工作期而不是在出生之时开始进行储蓄与消费决策的。一般认为劳动力年龄从 15 岁开始，因此，使用 15 岁开始的预期寿命替换目前研究中使用的出生时预期寿命将会更加准确地反映出预期寿命变动对个体储蓄决策和总储蓄率的影响。第二，现有研究仅关注了整体预期寿命延长对储蓄率的影响，而忽略了不同年龄段死亡率的变动差异以及由此引致的分段预期寿命变动的储蓄效应。工作期分段预期寿命与老年期分段预期寿命对储蓄率可能具有不同的影响效应。老年期分段预期寿命延长将引致个体退休期消费的精算现值提高，个体会通过提高储蓄水平以实现一生收入与消费的平衡；而工作期预期寿命延长会同时提高个体对一生收入与消费的期望值，因此工作期预期寿命延长对储蓄率的影响效应应该小于老年期预期寿命延长的效应，如果一生收入期望值的提高超过了一生收入现值的变动，工作期分段预期寿命延长还可能引起储蓄率的下降。因此，目前仅仅将出生时预期寿命作为分析变量的方法，可能混淆不同时段预期寿命变动的储蓄效应，如果将关注的视角从预期寿命总体延长转换到分段预期寿命变动，将会进一步深化预期寿命对储蓄率影响效应的研究。

本章试图从现有研究中关注的出生时预期寿命整体延长的储蓄效应转向工作期分段预期寿命与老年期分段预期寿命对储蓄率的影响效应。生命周期理论将个体生命期划分为工作期与退休期，个体在工作期获得收入，在退休期消费工作期的储蓄，在不考虑遗赠动机的情况下，个人将按照一生收入消费平衡的原则，通过安排各期的消费实现一生效用最大化。在一生收支平衡的假设下，不同生命时期分段预期寿命的变动对于一生收入消费平衡会具有不同的影响。具体来看，在其他条件不变的情况下，老年期分段预期寿命的延长会导致老年期消费精算现值的提高，个体为实现一生收入消费平衡，将会选择降低消费水平，这将引致总储蓄率的上升；而工作期预期寿命的延长会同时提高一生收入与消费的精算现值，由于收入现值的提高会在一定程度上抵消消费现值提高的影响，因此，工作期分段预期寿命提高对储蓄率影响效应的大小应该小于老年期分段预期寿命提高的影响。为了检验分段预期寿命对储蓄率的影响效应，参照目前预期寿命储蓄效应研究中所采用的方法，我们在线性方程模型的基础上引入工作期分段预期寿命与老年期分段预期寿命。根据生命周期假说，国民储蓄率由国民收入增长率和人口年龄结构所决定，我们的实证模型则在生命周期理论模型上进一步引入分段预期寿命，以检验不同生命时段的分段预期寿命对国民储蓄率的影响。实证模型形式如下：

$$s_T = \beta_0 + \beta_1 \cdot g + \beta_2 \cdot youthdepen + \beta_3 \cdot olddepen +$$
$$\beta_4 \cdot e_{15 \sim 60} + \beta_5 \cdot e_{60 \sim \omega} + \beta_6 \cdot X_i + \varepsilon_T \qquad (4-1)$$

其中，s_T 为国民储蓄率，计算方式为 GDP 减去总消费额之后占 GDP 的比重，这也是 Mason（1987）和 Bloom（2006）等研究中广泛使用的总储蓄率测度方法。g 为实际国民收入增长率，即按照相同价格计算的各年经济增长率，均衡条件下经济增长率与总储蓄率的联系是生命周期理论的基本结论，我们预期经济增长率的系数为正值。在经济处于非均衡状态时，由于人口增长率与劳动力增长率之间并不一致，因此人口抚养比对总储蓄率具有影响效应，于是我们在实证模型中加入了抚养比变量，*youthdepen* 与 *olddepen* 分别为少儿抚养比与老年抚养比，跨国数据比较研究大多证明了人口抚养比对储蓄率具有负向影响。$e_{15 \sim 60}$ 为 15 ~ 60 岁工作期分段预期寿命，$e_{60 \sim \omega}$ 为 60 岁开始的老年期分段预期寿命，分段预期寿命是本书主要关注的变量，我们预期工作期分段预期寿命与老年期分段预期寿命对总储蓄率的影响存在差别，工作期分段预期寿命对总储蓄率的提高效应小于老年期分段预期寿命的提高效应。由于现实中储蓄率的调整需要一定的时间，因此我们将滞后一期的储蓄率加入实证模型，同时，为了控制物价水平的影响，我们还引入了通货膨胀率。实证模型中 X_i 为控制变量，包括滞后一期的储蓄率 $L.s_T$ 及通货膨胀率 *inflation*。实证模型中各变量的含义见表 4 - 1。

表 4 - 1　变量名称及含义

变量名	变量的定义
s_T	国民储蓄率：GDP 减去总消费额之后占 GDP 的比重
$L.s_T$	滞后一期的国民储蓄率
g	经济增长率，按照相同价格计算
youthdepen	少儿抚养比：0 ~ 14 岁人口占总人口的比例
olddepen	老年抚养比：65 岁及以上人口占总人口的比例
$e_{15 - 60}$	工作期分段预期寿命
$e_{60 - \omega}$	老年期分段预期寿命
inflation	通货膨胀率

二 数据来源与描述性统计

我们搜集了包括中国在内的全球 178 个国家和地区 1980～2010 年的数据，利用面板数据模型进行验证。国民储蓄率、经济增长率、人口抚养比和通货膨胀率数据来自世界银行数据库，分段预期寿命根据世界银行《2013 年全球人口发展报告》数据库中相关数据计算。为了避免短期中经济波动对储蓄率的影响，同时减少跨国数据的度量误差，我们参照 Kraay（2000）的方法对所有变量在一段时间内取平均值之后进行实证检验。具体做法是，将1980～2010 分成 6 个 5 年区间，对少儿抚养比、老年抚养比、通货膨胀率、经济增长率每 5 年取平均值。联合国人口信息网中各国15 岁开始的预期寿命、60 岁开始的预期寿命以及 15 岁存活至 60岁的概率的初始数据即为分段数据，因为我们直接使用初始的预期寿命相关数据，计算工作期预期寿命 $e_{15～60}$、老年期预期寿命$e_{60～\omega}$。所有数据描述性统计见表 4－2。

表 4－2   变量的描述性统计

变量	Obs	Mean	Std. Dev.	Min	Max
s_T	993	16.82	17.61	－125.11	83.10
g	990	3.49	4.56	－21.66	56.84
$e_{15～60}$	1068	41.54	2.55	28.60	44.37
$e_{60～\omega}$	1068	14.24	3.79	3.14	23.82
youthdepen	1067	33.48	10.54	12.85	51.73
olddepen	1067	6.58	4.45	0.47	21.67
inflation	876	42.49	286.01	－4.25	6517.11

第二节 实证分析结果

一 固定效应方法实证分析结果

我们首先使用固定效应方法对实证模型式（4-1）进行估计。表4-3中模型（1）~（3）为固定效应方法分析结果。模型（1）自变量仅包含经济增长率与分段预期寿命，模型（2）在模型（1）的基础上自变量增加了人口抚养比变量，模型（3）在模型（2）的基础上进一步加入了滞后一期的储蓄率与通货膨胀率作为自变量。

表4-3 实证分析结果

变量	模型（1）FE	模型（2）FE	模型（3）FE
$L.\, s_T$			0.463 (11.62) ***
g	0.213 (2.96) ***	0.209 (2.90) ***	0.397 (4.79) ***
$e_{15\sim60}$	-0.297 (-1.91) *	-0.940 (-2.03) **	-0.102 (-2.21) **
$e_{60\sim\omega}$	1.299 (4.14) ***	2.233 (4.98) ***	0.994 (2.04) **
youthdepen		-0.241 (-1.87) *	-0.175 (-1.33)
olddepen		-2.063 (-5.11) ***	-0.755 (-1.73) *
inflation			-0.0003 (-0.40)

变量	模型（1） FE	模型（2） FE	模型（3） FE
Cons	9.571 (0.70)	44.810 (2.96)***	9.038 (0.58)
R²	0.06	0.07	0.26
Observations	969	969	729
Number of groups	178	178	170

模型（1）自变量只包括经济增长率与分段预期寿命，从估计结果来看，老年期分段预期寿命对国民储蓄率具有显著的正向影响，而工作期分段预期寿命对国民储蓄率的影响效应显著为负。模型（2）在模型（1）的基础上加入人口抚养比，我们发现老年期分段预期寿命对国民储蓄率的影响效应依然显著为正，工作期分段预期寿命的影响效应依然显著为负。模型（3）进一步加入了滞后一期的国民储蓄率与通货膨胀率，估计结果与模型（1）和（2）基本一致，老年期分段预期寿命对国民储蓄率的影响效应显著为正，工作期分段预期寿命的影响效应为负。三个模型中经济增长率的系数均为正值，抚养比对国民储蓄率的影响效应为负，与已有研究结论基本一致。

固定效应模型估计结果显示，老年期分段预期寿命对国民储蓄率的影响效应为正且基本显著，而工作期分段预期寿命对国民储蓄率影响效应显著为负。上述实证分析结果说明，工作期分段预期寿命与老年期分段预期寿命对国民储蓄率具有不同方向的影响，现有研究中直接将出生时预期寿命加入计量方程进行实证分析的方法，无法对分段预期寿命变动给储蓄率带来的影响效应进行分析，而在计量方程中引入分段预期寿命的方法，可以在一定程度上解决这个问题。

二 动态面板方法实证分析结果

由于经济增长率与储蓄率之间存在双向因果关系，进而会产生联立内生性问题，同时，滞后一期的储蓄率也与误差项相关，因此，为了解决内生性问题，我们进一步使用动态面板估计方法进行了估计。表4-4中模型（4）~（7）为动态面板方法实证分析结果。模型（4）与（5）为差分广义矩方法估计结果，模型（6）与（7）为系统广义矩方法估计结果。模型（4）与（6）自变量包含经济增长率、分段预期寿命与人口抚养比，模型（5）与（7）分别在模型（4）与（6）的基础上进一步增加了滞后一期的国民储蓄率、通货膨胀率与时间虚拟变量。

表4-4 广义矩方法实证分析结果

变量	模型（4）差分 GMM	模型（5）差分 GMM	模型（6）系统 GMM	模型（7）系统 GMM
$L. s_T$	0.278 (2.31)**	0.348 (3.86)***	0.451 (3.569)***	0.404 (3.00)**
g	0.895 (2.33)**	0.866 (1.98)*	0.355 (2.02)*	3.053 (2.32)*
$e_{15\sim60}$	-1.467 (-2.42)**	-5.912 (-2.45)**	-0.343 (-2.59)**	-1.272 (-2.31)**
$e_{60\sim\omega}$	2.062 (2.39)**	6.033 (2.29)**	1.089 (2.96)***	1.074 (2.42)**
$youthdepen$	0.013 (0.04)	0.175 (0.15)	-1.068 (-2.77)***	-0.629 (-1.25)

续表

变量	模型 (4) 差分 GMM	模型 (5) 差分 GMM	模型 (6) 系统 GMM	模型 (7) 系统 GMM
olddepen	-0.869 (-1.14)	-3.474 (-0.72)	-1.870 (-1.56)	-0.550 (-0.63)
inflation		-0.004 (0.46)		0.005 (0.88)
Cons			62.119 (2.52)**	60.859 (1.20)
Year 1		3.032 (0.656)		2.900 (1.49)
Year 2		3.534 (0.41)		4.181 (1.02)
Year 3		-1.735 (-0.61)		-1.254 (-1.04)
Year 4		-2.917 (-0.40)		-2.964 (-0.99)
Observations	789	558	969	729
Number of groups	177	163	178	170
Arellano-Bond test for AR (1) P 值	0.750	0.063	0.686	0.040
Arellano-Bond test for AR (2) P 值	0.198	0.646	0.781	0.528
Hansen test of overid P 值	0.417	0.604	0.982	0.368

注：经济增长率与储蓄率为内生变量，其他变量为前定变量或外生变量。下同。

模型（4）至模型（7）为动态面板估计。在动态面板估计中，我们将滞后一期的储蓄率与经济增长率作为内生变量，将人口结构、预期寿命、通货膨胀率等其他相关变量作为外生变量和前定变量，并采取一步广义矩估计方法（one-step）同时取异方差稳健标准误。尽管模型（5）与（7）的 Arellano-Bond 一阶统计量较低，但所有模型的 Arellano-Bond 二阶统计量都令人满意，总体来看，动态面板估计是有效的。模型（4）为自变量包括经济增长率、分段预期寿命以及人口抚养比的差分广义矩估计，估计结果显示，老年期分段预期寿命对国民储蓄率的影响效应显著为正，工作期分段预期寿命的影响效应为负。模型（5）在模型（4）的基础上进一步加入了通货膨胀率、滞后一期的储蓄率与时间虚拟变量，估计结果显示老年期分段预期寿命的系数显著为正，工作期分段预期寿命系数依然显著为负。模型（6）为自变量包括经济增长率、分段预期寿命以及人口抚养比的系统广义矩估计，模型（7）在模型（6）的基础上进一步加入了通货膨胀率、滞后一期的储蓄率与时间虚拟变量，从估计结果来看，动态面板方法估计结果与固定效应方法估计结果类似，老年期分段预期寿命对国民储蓄率的影响效应依然显著为正，工作期分段预期寿命的影响依然显著为负。

综合固定效应模型和动态面板模型的实证估计结果，从总体上来看，老年期分段预期寿命与工作期分段预期寿命对国民储蓄率的影响效应存在差别。在所有的模型中，老年期分段预期寿命对国民储蓄率都具有正向影响，工作期分段预期寿命对国民储蓄率影响都具有负向影响，老年期分段预期寿命会提高国民储蓄率水平，工作期分段预期寿命的延长会降低国民储蓄率水平。通过对表 4-3 与 4-4 估计结果的简单计算可以得到工作期分段预期寿命每增加 1 年，将会使国民储蓄率降低 1.48 个百分点，而老年期分段预期寿命每增加 1 年，将会使国民储蓄率增加 2.11 个百分点①。如前所述，不同国家预期寿命延长过程中分段预期寿命变动情况不一，有的国家预期寿命延长是由老年期分段预期寿命延长主导，而有的国家则是工作期分段预期寿命与老年期分段预期寿命共同主导。预期寿命延长等于分段预期寿命各自延长年数之和，15 岁开始的预期寿命延长年数，可以表示为工作期分段预期寿命 $e_{15\sim60}$ 延长年数与老年期分段预期寿命 $e_{60\sim\omega}$ 延长年数之和。相同的 15 岁开始预期寿命延长年限条件下，如果预期寿命延长是老年期分段预期寿命延长主导的，由于工作期预期寿命基本稳定，老年期分段预期寿命延长年数接近总预期寿命延长年数，因此，预期寿命延长提高总储蓄率的效应会相对较高；而如果预期寿命延长是工作期分段预期寿命延长与老年期分段预期寿命延长共同主导的，由于工作期预期寿命延长会在一定程度上降低总储蓄率水平，因此，相同预期寿命延长提高总储蓄率的效应会低于老年期预期寿命延长主导模式下的效应大小。

第三节　本章小结

本章主要利用固定效应方法和动态面板方法，以跨国面板数据为基础，对分段预期寿命影响国民储蓄率的效应进行实证分析。主要研究结论如下。

第一，分别使用固定效应估计方法和动态面板估计方法，将工作期与老年期分段预期寿命引入线性分析模型以验证分段预期

---

① 根据模型 (1)-(7) 中分段预期寿命的算术平均值计算。

寿命对国民储蓄率的影响效应。估计结果显示，工作期分段预期寿命对国民储蓄率具有负向影响，工作期预期寿命的延长会引起国民储蓄率的下降，老年期分段预期寿命对国民储蓄率具有正向影响，老年期预期寿命的延长会提高国民储蓄率的水平。

第二，通过计算可以得到，工作期分段预期寿命每增加 1 年，将会使国民储蓄率降低 1.48 个百分点，而老年期分段预期寿命每增加 1 年，将会使国民储蓄率增加 2.11 个百分点。不同国家预期寿命延长过程中分段预期寿命变动情况不一，将会进一步引起预期寿命延长对国民储蓄率的影响效应出现差异：如果预期寿命延长是老年期分段预期寿命延长主导的，预期寿命延长提高总储蓄率的效应会相对较高；而如果预期寿命延长是工作期分段预期寿命延长与老年期分段预期寿命延长共同主导的，相同预期寿命延长提高总储蓄率的效应会低于老年期分段预期寿命延长主导模式下的效应大小。

第三，本章分析结论是分析分段预期寿命影响国民储蓄率效应的基础。在本章中我们仅仅将分段预期寿命直接引入实证分析模型，所得到的不同生命时段的分段预期寿命对国民储蓄率具有不同影响效应的实证分析结论，是之后我们进行分段预期寿命与国民储蓄率理论分析的经验基础。

第五章　分段预期寿命、经济增长与国民储蓄率：理论分析

本章从个体实现一生效用最大化的消费路径开始，通过个体消费加总获得总储蓄率方程，以此来研究总储蓄率的决定机制。第一，将生存概率加入个体一生消费与储蓄决策，分析个体实现一生效用最大化的消费路径；第二，通过个体消费加总求得总储蓄率，分析加入生存概率之后的加总储蓄率决定机制；第三，分析分段预期寿命在加总储蓄率方程中的作用，得出分段预期寿命、经济增长影响国民储蓄率的基本理论分析结论。

第一节　实现效用最大化的个体消费路径

一　假设条件

生命周期假说最初并未在分析中引入生存概率，而是做了在达到最大寿命之前生存概率为1、达到最大寿命时生存概率为0的简单假设。随着生命周期理论的不断完善，生存概率逐步被引入生命周期理论的分析框架，主要的方法是假设个体生存概率服从

指数分布，例如，Blanchard（1985）和 Bloom（2007）在研究中都使用了指数分布假设。指数分布假设受到较多应用的主要原因是相对简单并易于在微分计算中求得结果，但该假设却并不完全符合于现实中个体生存和死亡规律。按照指数分布假设，个体从出生开始至任何年龄 t 的生存概率为 $e^{-\lambda t}$，其中，λ 为死亡力即瞬间死亡概率。死亡力是从生存模型中获得的最重要的数据，是生存问题研究中的一个基本概念。按照指数分布假设，死亡力为常数，即在任何年龄上，个体瞬间死亡概率相同。个体一般在刚出生时以及较高年龄时瞬间死亡率较高，而在青年期瞬间死亡率较低，因此，指数分布生存函数死亡力恒定的假定显然与实际不符，在保险精算中一般仅用于一年之内的短期分析，并不适合于个体一生跨度几十年的长期分析。

我们放宽指数分布假定，假设个体从出生开始生存至 a 岁的概率为 $s_0(a)$，根据定义，a 岁的瞬间死亡概率将为：

$$
\begin{aligned}
\mu_a &= \lim_{h \to 0^+} \left(\frac{1}{h} \times P\left[T_0 \leqslant a + h \mid T_0 > a \right] \right) \\
&= \lim_{h \to 0^+} \left(\frac{1}{h} \times \frac{F_0(a+h) - F_0(a)}{1 - F_0(a)} \right) \\
&= \frac{1}{1 - F_0(a)} \cdot \frac{ds_0(a)}{da} \\
&= \frac{-1}{s_0(a)} \cdot \frac{ds_0(a)}{da}
\end{aligned}
\tag{5-1}
$$

其中，随机变量 T_0 为个体从出生开始的生存年数，$F_0(a)$ 为随机变量 T_0 的分布函数。出生时的预期寿命为：

$$
e_0 = \int_0^\omega a \cdot s_0(a) \cdot \mu_a \cdot da = \int_0^\omega s_0(a) \cdot da
\tag{5-2}
$$

其中，常数 ω 为人类的最高寿命。假设个体效用函数为对数形式 $U(c_a) = \ln(c_a)$，c_a 为个体在 a 岁时的消费，个体一生效用最大化问题可表示为：

$$\max \int_0^\omega \ln(c_a) \cdot s_0(a) \cdot e^{-\rho a} \cdot da \qquad (5-3)$$

其中，$\rho > 0$ 为时间偏好。个体在任意时点面临的预算约束为：

$$\dot{K} = \theta_a \cdot w_a + (\mu_a + r) K_a - c_a \qquad (5-4)$$

其中，θ_a 为取值 0 或 1 的二值变量，工作期 $\theta_a = 1$，退休期 $\theta_a = 0$；r 为利率水平，μ_a 为个体的瞬间死亡概率；w_a 为 a 岁的工资；K_a 为个体在 a 岁时所积累的财富。如果个体在 a 岁时工作，则可获得 w_a 的工资收入，并相应增加其财富水平；在 a 岁时的消费 c_a 则会降低其财富水平。我们假设个体的财富可以按照固定利率 r 通过自由市场进行借贷而实现在不同时期的转移。公式（5-4）相当于存在一个完美的存贷款保险市场，个体借出资产时必须获得额外利率 μ_a 以补偿由于借入方死亡而无法偿还的风险，借入资产时必须多付出利率 μ_a 以承担由于自身死亡而无法偿还对方的风险，即个体面临的实际利率为 $\mu_a + r$。

二　实现效用最大化的个体消费路径

前述效用最大化问题可以用汉密尔顿函数处理，横截条件为 $\lim_{t \to \infty} k_a \geq 0$，即个体由于不清楚何时死亡而选择在任意时点都持有正资产。在工作年龄与退休年龄确定的情况下，该问题的控制变量为 c_a，个体必须选择其一生消费的路径以实现一生效用的最大化。

汉密尔顿方程可表示为：

$$H = s_0(a) \cdot e^{-\rho a} \cdot \ln(c_a) + \phi_a \cdot [\theta_a \cdot w_a + (\mu_a + r)K_a - c_a] \quad (5-5)$$

实现个体一生效用最大化的条件为：

$$\partial H / \partial c_a = s_0(a) \cdot e^{-\rho a} \cdot (1/c_a) - \phi_a = 0 \quad (5-6)$$

$$\partial H / \partial K_a = \phi_a \cdot (\mu_a + r) = -\dot{\phi}_a \quad (5-7)$$

对式（5-6）取对数并对 a 求导可得：

$$\dot{s_0}(a)/s_0(a) - \rho - \dot{c_a}/c_a = \dot{\phi}_a/\phi_a \quad (5-8)$$

利用式（5-1），$\dot{s_0}(a)/s_0(a) = -\mu_a$，并将式（5-7）代入式（5-8），可得实现效用最大化的个体消费增长率为：

$$\dot{c_a}/c_a = r - \rho \quad (5-9)$$

式（5-9）表示个体在任意时期消费增长率均为（$r - \rho$），则个体在不同年龄的消费为：

$$c_a = c_0 \cdot e^{(r-\rho)a} \quad (5-10)$$

式（5-10）意味着个体一生之中任意时刻的消费由初始消费与消费增长率（$r - \rho$）决定。假设个体无遗产动机，初始消费 c_0 可以根据一生消费精算现值等于一生收入精算现值的原则求得：

$$c_0 \cdot \int_0^\omega e^{(r-\rho)a} \cdot s_0(a) \cdot e^{-ra} \cdot da = w_0 \cdot \int_0^R e^{\sigma a} \cdot s_0(a) \cdot e^{-ra} \cdot da$$

$$(5-11)$$

其中，w_0 为个体在初始期的收入，σ 为人均收入增长率，R 为退休年龄，进一步可得个体初始消费占初始收入的比例为：

$$c_0/w_0 = \int_0^R e^{(\sigma-r)a} \cdot s_0(a) \cdot da / \int_0^\omega s_0(a) \cdot e^{-ra} \cdot e^{(r-\rho)a} \cdot da \quad (5-12)$$

式（5-12）说明，个体初期消费占初期收入的比重与初始收入无关，这个结果与生命周期假说结论一致。式（5-12）同时意味着，在各年龄生存概率、退休年龄、利率、偏好不变的情况下，不同时期出生的个体在工作初期的消费占初始收入的比例相等，而个体在一生中之后各个时期的消费将按照 $r-\rho$ 的速率增长。以个体实现效用最大化的一生消费路径为基础，我们进一步分析了总储蓄的决定机制。

第二节　加总储蓄率的决定

一　加总储蓄率的一般形式

某一时刻经济中的总储蓄为该时刻所有个体储蓄之和，通过个体储蓄的加总可以得到总储蓄。假设经济与人口均处于均衡状态，人均收入增长率为 σ，人口增长率为 n，经济增长率将为 $g = \sigma + n$，个体从出生开始生存至各年龄的概率 $s_0(a)$ 不变，退休年龄 R 不变。在假设条件下，时刻 T 经济中的总消费可以表示为各个年龄所有人消费的加总：

$$C_T = \int_0^\omega A_0 \cdot e^{-na} \cdot s_0(a) \cdot c_a \cdot da \quad (5-13)$$

其中，A_0 为 T 时刻 0 岁个体的人数。根据式（5-10）和式（5-12），各个年龄的个体初始消费占初始收入的比重 c_0/w_0 相同，消费增长率相同，总消费可进一步表示为：

$$C_T = \frac{c_0}{w_0} \cdot \int_0^\omega A_0 \cdot e^{-ga} \cdot s_0(a) \cdot w_T \cdot e^{(r-\rho)a} \cdot da \qquad (5-14)$$

其中，w_T 为 T 时刻的人均劳动收入。假设生产函数为柯布—道格拉斯生产函数形式：

$$Y = K^\alpha \cdot L^{1-\alpha} \qquad (5-15)$$

其中，K 为资本，L 为劳动。在经济处于均衡状态时，资本与劳动都获得边际收益，劳动获得的收入占总收入的比例将确定为 $1-\alpha$。我们可以将劳动收入表示为 GDP 的 $1-\alpha$ 倍，即：

$$劳动收入 = (1-\alpha) \cdot GDP \qquad (5-16)$$

T 时刻所有个体的劳动收入可表示为所有工作人口劳动报酬之和：

$$\int_0^R A_0 \cdot e^{-na} \cdot s_0(a) \cdot w_T \cdot da = (1-\alpha) \cdot GDP \qquad (5-17)$$

总消费率为总消费占 GDP 的比重，利用式（5-17），总消费率可进一步表示为：

$$\frac{C_T}{GDP_T} = \frac{c_0}{w_0} \cdot \frac{\int_0^\omega e^{-ga} \cdot s_0(a) \cdot e^{(r-\rho)a} \cdot w_T \cdot da}{\int_0^R e^{-na} \cdot s_0(a) \cdot w_T \cdot da} \cdot (1-\alpha) \qquad (5-18)$$

为了简化分析，假设 $r = \rho = 0$，将初始消费比重式（5-12）代入式（5-18），可得：

$$\frac{C_T}{GDP_T} = \frac{\int_0^R e^{\sigma a} \cdot s_0(a) \cdot da}{\int_0^\omega s_0(a) \cdot da} \cdot \frac{\int_0^\omega e^{-ga} \cdot s_0(a) \cdot da}{\int_0^R e^{-na} \cdot s_0(a) \cdot da} \cdot (1-\alpha) \qquad (5-19)$$

式（5-19）为利用个体消费加总获得经济与人口均衡时的加

总储蓄率。在经济与人口均衡时，如果 $\sigma = n = 0$ 即经济增长率为 0，消费率为常数并与生存概率无关[①]，这个结论与生命周期假说在经济处于均衡状态时总储蓄率决定的结论一致[②]。在经济增长率不为 0 时，总储蓄率将是 σ 与 n 以及生存概率 $s_0(a)$ 的函数。

二　总储蓄率的线性化表示

为了对总储蓄率进行分析及检验，我们进一步对式（5-19）进行了线性化处理。将式（5-19）右边各项对 σ、n、g 和 r 进行泰勒级数展开保留一阶项，将高阶项放入误差项，可得：

$$\int_0^R e^{\sigma a} \cdot s_0(a) \cdot da = \int_0^R s_0(a) \cdot da + \sigma \cdot \int_0^R a \cdot s_0(a) \cdot da + \varepsilon_1 \qquad (5-20)$$

$$\int_0^\omega e^{-ga} \cdot s_0(a) \cdot da = \int_0^\omega s_0(a) \cdot da - g \cdot \int_0^\omega a \cdot s_0(a) \cdot da + \varepsilon_2 \qquad (5-21)$$

$$\int_0^R e^{-na} \cdot s_0(a) \cdot da = \int_0^R s_0(a) \cdot da - n \cdot \int_0^R a \cdot s_0(a) \cdot da + \varepsilon_3 \qquad (5-22)$$

将式（5-20）、（5-21）与（5-22）代入式（5-19），可将总储蓄率公式（5-19）表示为：

$$\frac{C_T}{GDP_T} = \frac{\int_0^R s_0(a) \cdot da + \sigma \cdot \int_0^R a \cdot s_0(a) \cdot da + \varepsilon_1}{\int_0^\omega s_0(a) \cdot da} \cdot$$

$$\frac{\int_0^\omega s_0(a) \cdot da - g \cdot \int_0^\omega a \cdot s_0(a) \cdot da + \varepsilon_2}{\int_0^R s_0(a) \cdot da - n \cdot \int_0^R a \cdot s_0(a) \cdot da + \varepsilon_3} \cdot (1-\alpha) \qquad (5-23)$$

[①]　在 $\sigma = n = 0$ 时，$\dfrac{C_T}{GDP_T} = 1 - \alpha$ 为常数。

[②]　当经济处于均衡状态时，生命周期假说的基本结论是，总储蓄率方程可线性化近似表示为：$s \approx \alpha + \beta \cdot g$。

进一步整理可得：

$$\frac{C_T}{GDP_T} = (1-\alpha) \cdot \frac{\int_0^R s_0(a)\,da \cdot \left[1 + \sigma \cdot \frac{\int_0^R a \cdot s_0(a) \cdot da}{\int_0^R s_0(a) \cdot da} + \varepsilon'_1 \right]}{\int_0^\omega s_0(a)\,da} \cdot$$

$$\frac{\int_0^\omega s_0(a)\,da \cdot \left[1 - g \cdot \frac{\int_0^\omega a \cdot s_0(a) \cdot da}{\int_0^\omega s_0(a) \cdot da} + \varepsilon'_2 \right]}{\int_0^R s_0(a)\,da \cdot \left[1 - n \cdot \frac{\int_0^R a \cdot s_0(a) \cdot da}{\int_0^R s_0(a) \cdot da} + \varepsilon'_3 \right]} \quad (5-24)$$

对式 (5-24) 取对数，可得：

$$\ln\left(\frac{C_T}{GDP_T}\right) = \ln(1-\alpha) + \ln\left(1 + \sigma \cdot \frac{\int_0^R a \cdot s_0(a) \cdot da}{\int_0^R s_0(a) \cdot da} + \varepsilon'_1 \right) +$$

$$\ln\left(1 - g \cdot \frac{\int_0^\omega a \cdot s_0(a) \cdot da}{\int_0^\omega s_0(a) \cdot da} + \varepsilon'_2 \right) -$$

$$\ln\left(1 - n \cdot \frac{\int_0^R a \cdot s_0(a) \cdot da}{\int_0^R s_0(a) \cdot da} + \varepsilon'_3 \right) \quad (5-25)$$

式 (5-25) 中各项可整理为：

$$\ln\left(\frac{C_T}{GDP_T}\right) = \ln(1 - s_T) = -s_T \quad (5-26)$$

$$\ln\left(1 + \sigma \cdot \frac{\int_0^R a \cdot s_0(a) \cdot da}{\int_0^R s_0(a) \cdot da} + \varepsilon'_1\right) = \sigma \cdot \frac{\int_0^R a \cdot s_0(a) \cdot da}{\int_0^R s_0(a) \cdot da} + \varepsilon'_1$$

$$(5-27)$$

$$\ln\left(1 - g \cdot \frac{\int_0^\omega a \cdot s_0(a) \cdot da}{\int_0^\omega s_0(a) \cdot da} + \varepsilon'_2\right) = -g \cdot \frac{\int_0^\omega a \cdot s_0(a) \cdot da}{\int_0^\omega s_0(a) \cdot da} + \varepsilon'_2$$

$$(5-28)$$

$$\ln\left(1 - n \cdot \frac{\int_0^\omega a \cdot s_0(a) \cdot da}{\int_0^\omega s_0(a) \cdot da} + \varepsilon'_3\right) = -n \cdot \frac{\int_0^\omega a \cdot s_0(a) \cdot da}{\int_0^\omega s_0(a) \cdot da} + \varepsilon'_3$$

$$(5-29)$$

将式 (5-26)至(5-29) 代入式 (5-25)，整理可得线性化的总储蓄率方程：

$$s_T = \alpha_0 + g \cdot \left(\frac{\int_0^\omega a \cdot s_0(a) \cdot da}{\int_0^\omega s_0(a) da} - \frac{\int_0^R a \cdot s_0(a) \cdot da}{\int_0^R s_0(a) \cdot da}\right) + \varepsilon_T \quad (5-30)$$

式 (5-30) 中，α_0 为常数项，ε_T 为误差项。经济增长率 g 的系数为 $\int_0^\omega a \cdot \frac{s_0(a)}{\int_0^\omega s_0(a) da} \cdot da - \int_0^R a \cdot \frac{s_0(a)}{\int_0^R s_0(a) da} \cdot da$。分别来看，第一项 $\int_0^\omega a \cdot \frac{s_0(a)}{\int_0^\omega s_0(a) da} \cdot da$ 是从工作期开始以各时刻生存概率占一生之中各时刻生存概率之和的比例为权重的，各时刻年龄的加权平

均数，我们将之定义为一生的平均年龄；第二项 $\int_0^R a \cdot \dfrac{s_0(a)}{\int_0^R s_0(a)da} \cdot da$

是工作期之内以各时刻生存概率占工作期之内各时刻生存概率之和的比例为权重的，各时刻年龄的加权平均数，我们将之定义为工作期的平均年龄。这两个加权平均数各自的权数之和 $\int_0^\omega \dfrac{s_0(a)}{\int_0^\omega s_0(a)da} \cdot$

da 与 $\int_0^R \dfrac{s_0(a)}{\int_0^R s_0(a)da} \cdot da$ 均为 1。设一生的平均年龄 $\int_0^\omega a \cdot \dfrac{s_0(a)}{\int_0^\omega s_0(a)da} \cdot$

$da = \mu_L$，工作期平均年龄 $\int_0^R a \cdot \dfrac{s_0(a)}{\int_0^R s_0(a)da} \cdot da = \mu_W$，二者之差

$(\mu_L - \mu_W)$ 决定了经济增长率的系数，可证明，$\mu_L - \mu_W > 0$[①]。总储蓄率方程可表述为：

$$s_T = \alpha_0 + g \cdot (\mu_L - \mu_W) + \varepsilon_T \qquad (5-31)$$

在标准生命周期模型中，假设个体在达到最大寿命之前死亡率为 0，当经济处于均衡状态时经济增长率的系数为常数。式（5-31）显示，在放宽标准生命周期假说关于死亡率为 0 的假设之后，

---

① 设 0~R 岁预期寿命 $\int_0^R s_a(0)da$ 占总预期寿命 $\int_0^\omega s_a(0)da$ 的比重为 γ，则 R 岁开始的预期寿命 $\int_R^\omega s_a(0)da$ 占总预期寿命的比重为 $1-\gamma$。利用中值定理，$\mu_L - \mu_W = \dfrac{(\gamma-1) \cdot a_1 \cdot \int_0^R s_a(0)da + \gamma \cdot a_2 \cdot \int_R^\omega s_a(0)da}{\gamma \cdot \int_0^\omega s_a(0)da} = (a_2 - a_1) \cdot (1-\gamma)$，其中 $0 < a_1 < R，R < a_1 < \omega$，因此，$\mu_L - \mu_W > 0$。

均衡状态下总储蓄率方程中经济增长率的系数由μ_w与μ_L之差决定，即经济增长率的系数是可变的，这个结论与 Mason（1981）通过加入少儿抚养比而提出的可变增长率模型的研究结论类似，在加入生存概率之后，经济增长率的系数不再是固定不变的，各年龄的生存概率将决定经济增长率的系数。

第三节　分段预期寿命与经济增长率系数的决定

一　经济增长率系数的确定

个体从 x 岁开始的预期寿命可表示为：

$$e_x = \int_0^{\omega-x} a \cdot s_x(a)\,\mu_{a+x}\,da = \int_0^{\omega-x} s_x(a)\,da \qquad (5-32)$$

其中，$s_x(a) = e^{-\int_x^{} \mu_s \cdot ds}$，$\mu_{x+a}$ 为个体在 $x+a$ 岁的瞬间死亡概率。预期寿命提高的本质是瞬间死亡率的下降，一般规律是，随着经济社会的发展，各个时刻的瞬间死亡率都会有不同程度的下降从而引起预期寿命的延长，即从 x 岁开始的预期寿命延长相当于从 x 岁开始至所有年龄的生存概率 $s_x(a)$ 均有所提高[1]。由于 $s_x(a+t) = s_x(a) \cdot s_{a+x}(t)$，因此，$s_x(a+t)$ 提高的幅度为 $s_x(a)$ 提高幅度与 $s_{a+x}(t)$ 提高幅度之和，这意味着预期寿命延长将使年龄越大的 $s_x(a)$ 提高的比例越高，即预期寿命延长会引起从 x 岁开始存活一定年数的概率的提高幅度与该年数成正比，从 x 岁开始存活相对较大年数的概率提高幅度相对也较大。假定 $s_0(a)$ 在 $[0, \omega]$ 上为

---

[1]　x 岁开始最大年龄的生存概率确定为 0，因此，最大年龄除外。

连续函数，预期寿命延长使各年龄的 $s_0(a)$ 提高至 $\eta_a \cdot s_0(a)$，η_a 也为连续函数，并且是 a 的增函数，根据中值定理（Mean value theorems for integration）有：

$$\int_0^R \eta_a \cdot s_0(a) \cdot da = \eta_x \cdot \int_0^R s_0(a) \cdot da，\text{其中，} x \in (0, R) \qquad (5-33)$$

$$\int_0^\omega \eta_a \cdot s_0(a) \cdot da = \eta_y \cdot \int_0^\omega s_0(a) \cdot da，\text{其中，} x \in (0, \omega) \qquad (5-34)$$

预期寿命延长将引起 μ_L 和 μ_W 在各年龄上的权数 $\dfrac{s_0(a)}{\int_0^\omega s_0(a)\,da}$ 与

$\dfrac{s_0(a)}{\int_0^R s_0(a)\,da}$ 随着年龄 a 的增长呈现先下降后上升的规律。原因是，

根据中值定理，权数的分母 $\int_0^\omega s_0(a)\,da$ 和 $\int_0^R s_0(a)\,da$ 会随各年龄 $s_0(a)$ 的提高而提高一个平均比例 η_x 和 η_y，由于各年龄 $s_0(a)$ 提高的比例是递增的，这意味着年龄较小时 $s_0(a)$ 的提高比例小于分母提高的平均比例，而年龄相对较大时的提高比例高于分母提高的平均比例。由于 μ_L 和 μ_W 在各年龄的权数之和 $\int_0^\omega \dfrac{s_0(a)}{\int_0^\omega s_0(a)\,da} \cdot da$ 与

$\int_0^R \dfrac{s_0(a)}{\int_0^R s_0(a)\,da} \cdot da$ 都确定为 1，在退休年龄与最大年龄不变的条件

下，预期寿命的提高引起的权数先下降后上升意味着 μ_L 和 μ_W 的同时提高[1]。上述分析表明，在预期寿命延长的条件下，μ_L 和 μ_W 各自

---

[1]　相对较小年龄的权数下降，较高年龄的权数上升，这意味着年龄的加权平均数提高。

提高的幅度将分别与各自权数的分母 $\int_0^\omega s_0(a)da$ 和 $\int_0^R s_0(a)da$ 成正相关关系，$\int_0^\omega s_0(a)da$ 和 $\int_0^R s_0(a)da$ 越大，分配在较高年龄上的权重越高，相应地，μ_L 和 μ_W 的数值也越大。

二　分段预期寿命与经济增长率的系数决定

按照预期寿命的计算公式（5-32），$\int_0^\omega s_0(a)da$ 为个体从出生时的预期寿命，我们可以将之表示为不同时间段预期寿命的和的形式：

$$
\begin{aligned}
\int_0^\omega s_0(a)da &= \int_0^R s_0(a)da + \int_R^\omega s_0(a)da \\
&= \int_0^R s_0(a)da + s_0(R)\int_0^{\omega-R} s_R(a)da \qquad (5-35)
\end{aligned}
$$

式（5-35）中，$\int_0^\omega s_0(a)da$ 为个体出生时的预期寿命，$s_0(R)\int_0^{\omega-R} s_R(a)da$ 为个体在 R 岁时的预期寿命折算到出生时的精算现值，我们进一步将 $\int_0^R s_0(a)da = \int_0^\omega s_0(a)da - s_0(R)\int_0^{\omega-R} s_R(a)da$ 定义为出生至退休时的预期寿命。将出生时预期寿命进行分段之后，预期寿命及结构将直接决定总储蓄率式（5-31）中经济增长率的系数。具体来看，个体从出生开始的预期寿命 $\int_0^\omega s_0(R)da$ 越高，意味着 μ_L 越大，经济增长率的系数越大，而从出生开始至退休的预期寿命 $\int_0^R s_0(R)da$ 越高，则意味着 μ_W 越大，经济增长率的系数越小。

前述分析结论意味着，总储蓄率方程（5-31）中经济增长率

的系数 $(\mu_L - \mu_W)$ 是可变的，预期寿命及分段预期寿命的变动会引起经济增长率系数的变化，在工作期分段预期寿命不变的条件下，出生时预期寿命越高，经济增长率的系数越大，经济增长对国民储蓄率的影响效应越大，而在出生时预期寿命不变时，工作期分段预期寿命越高，经济增长率的系数越小，经济增长对国民储蓄率的影响效应越小。进一步假设：

$$e_{0\sim R} = \int_0^R s_0(a)\,da \qquad (5-36)$$

$$e_{0\sim\omega} = \int_0^\omega s_0(a)\,da = \int_0^R s_0(a)\,da + s_R(0)\int_R^\omega s_0(a)\,da$$

$$= e_{0\sim R} + z_{R\sim\omega} \qquad (5-37)$$

其中，$e_{0\sim\omega}$ 为个体从工作期至最大寿命的预期寿命，$e_{0\sim R}$ 为从工作期开始至退休的预期寿命，即工作期分段预期寿命，$z_{R\sim\omega} = s_R(0)\int_R^\omega s_0(a)\,da$ 为退休期开始的预期寿命折算到 0 岁时的精算现值，即退休期分段预期寿命。尽管总储蓄率公式（5-31）中 μ_L 和 μ_W 的数值大小分别与 $\int_0^\omega s_0(a)\,da$ 和 $\int_0^R s_0(a)\,da$ 成正相关关系，但是，经济增长率系数 $(\mu_L - \mu_W)$ 的具体函数形式却不明确，为了对总储蓄率方程进行检验，我们将 μ_L 与 μ_W 分别线性化近似表示为 $\mu_L = \beta_0^1 + \beta_1^1 \cdot \int_0^\omega s_0(a)\,da + \eta_1$，$\mu_W = \beta_0^2 + \beta_1^2 \cdot \int_0^R s_0(a)\,da + \eta_2$，则 $\mu_L - \mu_W$ 可近似表示为：

$$\mu_L - \mu_W = \beta_0 + \beta_1 \cdot \int_0^\omega s_0(a)\,da - \beta_2 \cdot \int_0^R s_0(a)\,da + \varepsilon$$

$$= \beta_0 + \beta_1 \cdot e_{0\sim\omega} - \beta_2 \cdot e_{0\sim R} + \varepsilon \qquad (5-38)$$

其中，$\beta_0 = \beta_0^1 - \beta_0^2 > 0$，以符合生命周期假说基本结论，确保在 β_1、β_2 任何取值情况下 $(\mu_L - \mu_W)$ 依然为正；$\beta_1 = \beta_1^1 > 0$，$\beta_2 = \beta_1^2 > 0$，以满足 μ_L 和 μ_W 的数值大小分别与 $\int_0^\omega s_0(a) da$ 和 $\int_0^R s_0(a) da$ 成正相关关系。同时，根据式（5–37），式（5–38）可进一步表示为：

$$\mu_L - \mu_W = \beta_0 + \beta_1 \cdot e_{R \sim \omega} + (\beta_1 - \beta_2) \cdot e_{0 \sim R} + \varepsilon \qquad (5-39)$$

将式（5–39）代入式（5–31），总储蓄率方程可进一步表示为：

$$s_T = \alpha_0 + \beta_0 \cdot g + \beta_1 \cdot e_{R \sim \omega} \cdot g + (\beta_1 - \beta_2) \cdot e_{0 \sim R} \cdot g + \varepsilon_T \qquad (5-40)$$

式（5–40）为利用分段预期寿命与经济增长率表示的总储蓄率方程，根据理论分析结果，我们认为，$\beta_0 > 0$；$\beta_1 > 0$，在经济增长率不变时，退休期预期寿命 $e_{R \sim \omega}$ 的提高将引起储蓄率的提高；$\beta_2 > 0$，因此工作期预期寿命 $e_{0 \sim R}$ 与经济增长率交互项系数 $(\beta_1 - \beta_2)$ 的值应该小于 β_1。前述结果意味着，在相同经济增长率条件下，单位预期寿命增长将由于分段预期寿命的不同变动而对总储蓄率产生不同影响效应，由于 $\beta_1 > \beta_1 - \beta_2$，因此，单位预期寿命延长中老年期预期寿命 $e_{R \sim \omega}$ 所占比例越高，预期寿命延长对总储蓄率的提高效应越大，反之，单位预期寿命延长中工作期预期寿命 $e_{0 \sim R}$ 所占比例越高，预期寿命延长对总储蓄率的提高效应越小。

第四节　本章小结

本章将生存概率引入生命周期理论分析框架，通过分析个人一生消费路径，利用个人消费加总获得总储蓄率方程，以研究分段预期寿命、经济增长对国民储蓄率的交互影响。主要得出以下研究结论。

第一，在放宽指数分布生命函数的基础上，我们将生存概率加入个体一生消费决策分析，利用汉密尔顿最优化分析方法，研究发现个体实现自身一生效用最大化的消费增长率为 $r-\rho$，个体初始消费占初始收入的比例与初始收入无关。

第二，通过个体消费的加总，我们分析了经济中总消费的决定以及总储蓄率方程的决定。研究发现，在经济处于均衡状态时，线性化近似表示的总储蓄率方程中，经济增长率的系数由一生的平均年龄 μ_L 与工作期的平均年龄 μ_W 之差决定。这意味着，均衡状态下总储蓄率方程中经济增长率的系数是可变的，这个结论与 Mason（1981）通过加入少儿抚养比而提出的可变增长率模型的研究结论类似，在加入生存概率之后，经济增长率的系数不再是固定不变的，各年龄的生存概率将决定经济增长率的系数。

第三，研究发现，一生的平均年龄 μ_L 与工作期的平均年龄 μ_W 分别是出生时预期寿命与工作期分段预期寿命的函数，个体从出生开始的预期寿命 $\int_0^\omega s_0(a)\,da$ 越高，则意味着 μ_L 越大，经济增长率的系数越大，而从出生开始至退休的预期寿命 $\int_0^R s_0(a)\,da$ 越高，则意味着 μ_W 越大，经济增长率的系数越小。进一步，对一生的平均年龄 μ_L 与工作期的平均年龄 μ_W 分别进行线性化近似表示，总储蓄率可表示为经济增长率与分段预期寿命的函数，理论分析结果表明，退休期分段预期寿命的提高对加总储蓄率的提高效应大于工作期分段预期寿命对加总储蓄率的提高效应。

第六章　分段预期寿命、经济增长与国民储蓄率：实证分析

本章主要对第五章理论分析结论中关于工作期和老年期分段预期寿命与经济增长率对加总储蓄率的不同交互效应进行实证检验。一是以理论分析结论为基础，确定实证检验模型，并对相关变量进行界定；二是以联合国人口数据和世界银行数据库中相关数据为基础，搜集整理形成面板数据，以对实证模型进行检验；三是分别利用固定效应方法和动态面板方法，对实证模型进行估计，实证检验理论分析结论。

第一节　计量方程与变量的描述性统计

一　计量方程的确定

由于个体不可能在出生时即开始工作，因此，总储蓄率方程式（5-40）中包含的分段预期寿命变量 z_{0-R} 与 $z_{R-\omega}$ 应该用工作期开始至退休的预期寿命与退休期开始的预期寿命折算至工作期的精算现值替代。然而，工作期的开始年龄和退休期的开始年龄在

实证研究中获得精确测定比较困难，原因是多方面的。首先，个体平均教育年限不断增加，这意味着工作期开始年龄随着预期寿命延长在不断提高；其次，尽管目前世界上大多数国家都建立了养老保险制度并规定了退休年龄，但是，退休年龄规定并不完全是强制性的，并且不同国家养老保险制度的退休激励效应不同，因此，提前退休和延迟退休在不同国家中都一定程度地存在；最后，部分国家的养老保险制度并不是全覆盖的，部分人群可能依然处于养老保险制度覆盖范围之外。基于此，本书考虑利用劳动力年龄组划分标准，构建 $z_{R-\omega}$ 与 z_{0-R} 的代理变量来对式（5－40）进行检验。对劳动力的年龄界定一般从 15 岁开始，因此，我们假设 15 岁为工作期开始年龄，对老年人口的年龄界定有 60 岁和 65 岁两种方法，我们将 60 岁设定为退休期开始年龄。尽管各个国家个体的起始工作年龄与退出劳动力市场年龄不同，但个体工作期预期寿命与退休期预期寿命应该分别与 15～60 岁预期寿命以及 60 岁开始的预期寿命相关，即 15～60 岁预期寿命以及 60 岁开始的预期寿命是个体工作期预期寿命与退休期预期寿命有效的代理变量。在前述设定下有：

$$e_{R-\omega} = {}_{45}p_{15} \cdot e_{60} \qquad\qquad (6-1)$$

$$e_{0-R} = e_{15} - {}_{45}p_{15} \cdot e_{60} \qquad\qquad (6-2)$$

其中，e_{15} 为从 15 岁开始的预期寿命，e_{60} 为从 60 岁开始的预期寿命，${}_{45}p_{15}$ 为 15 岁个体存活至 60 岁的概率，$e_{15} - {}_{45}p_{15} \cdot e_{60}$ 为从 15 岁至 60 岁的预期寿命，${}_{45}p_{15} \cdot e_{60}$ 为从 60 岁开始的预期寿命折算至 15 岁的精算现值。

我们分析的是均衡状态下总储蓄率的决定，由于指标短期波动会对总储蓄率产生影响，因此，我们采用 Kraay（2000）的方法对各个指标每 5 年取平均值以降低指标短期波动程度，这种处理方法也有利于降低各指标的测量误差。同时，由于消费习惯等原因，人们面对约束条件的变化时，消费不可能从一种水平立刻转变为另外一种水平，总储蓄率的变动也不可能即刻完成，这意味着不同均衡状态之间的转换需要一定的时间，因此，我们按照 Higgins（1998）及 Bloom（2006）等的方法，将储蓄率的滞后项加入计量方程。并且，根据已有的研究结果，人口抚养比对总储蓄率水平具有影响，因此我们在储蓄率方程中进一步加入了人口结构变量作为控制变量。现有研究基本上采用直接将出生预期寿命加入计量方程的做法，为了对理论结果进行检验，我们也将出生预期寿命作为控制变量加入计量方程。基本计量方程确定为：

$$s_T = \alpha_0 + \beta_0 \cdot g + \beta_1 \cdot e_{R \sim \omega} \cdot g + (\beta_1 - \beta_2) \cdot e_{0 \sim R} \cdot g +$$
$$\beta_3 \cdot L.s_T + \sum \beta_i \cdot X_i + \varepsilon_T \qquad (6-3)$$

其中，g 为经济增长率，$e_{R \sim \omega} = {}_{45}p_{15} \cdot e_{60}$ 为退休期预期寿命折算到工作期初的精算现值，$e_{0 \sim R} = e_{15} - {}_{45}p_{15} \cdot e_{60}$ 为工作期的预期寿命，$L.s_T$ 为滞后一期的储蓄率，X_i 为控制变量，包括少儿人口比重（*youthdepen*）和老年人口比重（*olddepen*）以及出生时预期寿命 e_0。根据理论分析结果，我们预期 $\beta_0 > 0$，$\beta_1 > 0$，$\beta_1 - \beta_2 < \beta_1$。变量名及含义见表 6 - 1。

表 6 - 1　变量名及含义

变量名	含义
s_T	国民储蓄率：GDP 减去总消费额之后占 GDP 的比重

续表

变量名	含义
$L.\,s_T$	滞后一期的国民储蓄率
g	经济增长率，按照相同价格计算
$youthdepen$	少儿抚养比：$0 \sim 14$ 岁人口占 $15 \sim 64$ 岁人口的比例
$olddepen$	老年抚养比：65 岁及以上人口占 $15 \sim 64$ 岁人口的比例
$e_{0-R} \cdot g$	工作期分段预期寿命与经济增长率的乘积
$e_{R-\omega} \cdot g$	老年期分段预期寿命与经济增长率的乘积
e_0	出生时的预期寿命

二　数据来源、处理及描述性统计

数据来源主要有联合国《2013 年全球人口发展报告》数据库和世界银行数据库。其中，分段预期寿命相关变量根据联合国《2013 年全球人口发展报告》数据库中 15 岁预期寿命、60 岁预期寿命以及 15 岁生存至 60 岁的生存概率进行计算；出生时预期寿命、储蓄率、经济增长率、少儿抚养比、人口抚养比变量的数据来自世界银行数据库。我们搜集了包括中国在内的全球 218 个国家和地区的储蓄率、经济增长率、人口抚养地等指标从 1981 ~ 2010 年共 30 年的数据，并对所搜集的数据按照每 5 年一个时间段计算平均值。15 岁开始的预期寿命、60 岁开始的预期寿命以及 15 - 60 岁的生存概率的初始数据即为每 5 年的分段数据。本书使用的储蓄率为国内总储蓄占国内生产总值的比重，这种处理方法相当于将企业储蓄作为家庭储蓄的一部分，这也是 Mason（1981）和 Bloom（2006）等一些研究中较多采用的方法。经济增长率为按照相同价格测算的年增长率。少儿抚养地为 0 ~ 14 岁人口占 15 ~ 64 岁人口比重，老年抚养地为 65 岁及以上人口占 15 ~ 64 岁人口比重。对各变量每 5 年取平均值之后①，所有变量描述性统计情况见表 6 - 2。

表 6 - 2　变量的描述性统计

Variable	Obs.	Mean	Std. Dev.	Min	Max
s_T	1214	17.41	16.53	-125.11	83.10
g	1214	3.47	4.20	-21.66	56.84
e_{15}	1068	55.78	6.15	33.21	68.04
e_{60}	1068	17.92	2.56	10.01	25.51
$_{45}p_{15}$	1068	781.85	115.69	288.85	942.52
e_0	1292	65.92	9.91	28.49	82.64
youthdepen	1283	33.31	10.35	12.85	51.73
olddepen	1283	6.63	4.38	0.47	21.67

第二节　实证分析结果

一　固定效应方法估计结果

我们首先使用固定效应方法对理论研究结论进行检验。模型（1）的自变量仅包含经济增长率。在模型（1）的基础上，模型（2）加入

---

① e_{15}^0、e_{60}^0、$_{45}p_{15}$、e_0^0 数据从联合国网站获得，原始数据即为 1980 ~ 1985 年、1985 ~ 1990 年、1990 ~ 1995 年、1995 ~ 2000 年、2000 ~ 2005 年、2005 ~ 2010 年各时间段的取值；其他变量我们从 1981 年开始每 5 年取平均值，即为 1981 ~ 1985 年、1986 ~ 1990 年、1991 ~ 1995 年、1996 ~ 2000 年、2001 ~ 2005 年、2006 ~ 2010 年的平均值。

了经济增长率与预期寿命结构变量的两个交互项，模型（3）进一步加入了滞后一期的储蓄率，模型（4）加入了人口结构变量以控制人口抚养比对储蓄率的影响，模型（5）在模型（4）的基础上加入了出生时预期寿命，模型（6）进一步加入了滞后一期的储蓄率。固定效应方法估计结果见表6－3。

表6－3　固定效应方法估计结果

项目	模型（1）FE	模型（2）FE	模型（3）FE	模型（4）FE	模型（5）FE	模型（6）FE
$L.s_T$			0.46 (5.61)***			0.43 (11.67)***
g	0.26 (3.12)***	8.33 (2.94)***	7.78 (2.98)***	7.71 (2.44)**	7.30 (4.01)***	7.13 (4.06)***
$e_{R-\omega} \cdot g$		0.24 (4.12)***	0.26 (3.63)***	0.21 (3.05)***	0.19 (3.89)***	0.23 (4.93)***
$e_{0-R} \cdot g$		-0.27 (-3.18)***	-0.27 (-3.08)***	-0.25 (-2.57)**	-0.23 (-4.05)***	-0.24 (-4.38)***
youthdepen				-0.378 (-2.37)**	-0.21 (-1.63)	-0.10 (-0.84)
olddepen				-1.056 (2.58)**	-1.29 (-3.49)***	-0.43 (-1.16)
e_0^0					0.49 (4.25)***	0.31 (2.74)***
Observations	1187	969	808	969	969	808
Number of groups	217	178	178	178	178	178
R^2	0.02	0.05	0.25	0.06	0.08	0.26

固定效应方法估计结果显示，经济增长率以及经济增长率与分段预期寿命的两个交互项的系数均与理论预期一致，经济增长率的系数显著为正，工作期预期寿命与经济增长率交互项 $z_{0-R} \cdot g$ 的系数显著为负，老年期预期寿命与经济增长率交互项 $z_{R-\omega} \cdot g$ 的系数显著为正，$z_{R-\omega} \cdot g$ 的系数显著大于 $z_{0-R} \cdot g$ 的系数。人口结构变量的结果基本上与已有研究结论一致，少儿人口比重与老年人口比重的系数均为负。在控制出生时预期寿命之后，前述结论依然成立。

二 动态面板方法估计结果

尽管固定效应方法的实证分析结果在一定程度上支持了本书的理论分析结果，但是该方法依然有可能存在两个问题。第一，在动态面板数据背景下，由于滞后因变量与误差项相关，会造成滞后因变量以及其他回归元的系数产生偏倚；第二，总储蓄率方程中的误差项包括了经济增长率的高阶项，经济增长率可能与误差项相关，同时，经济增长率与储蓄率之间存在双向因果关系，进而产生联立内生性问题。为了解决内生性问题，本书将滞后一期的储蓄率与经济增长率作为内生变量，将人口结构、预期寿命相关变量作为前定变量与外生变量，进一步利用差分广义矩与系统广义矩方法对总储蓄率方程进行检验。模型（7）、（8）、（9）与（10）为差分广义矩方法估计结果，模型（11）、（12）、（13）与（14）为系统广义矩方法估计结果，其中模型（10）与（14）加入了时间虚拟变量。估计结果见表6-4。

表6-4　动态面板方法估计结果

项目	模型(7)差分GMM	模型(8)差分GMM	模型(9)差分GMM	模型(10)差分GMM	模型(11)系统GMM	模型(12)系统GMM	模型(13)系统GMM	模型(14)系统GMM
$L.s_T$	0.652 (5.29)***	0.591 (4.57)***	0.576 (4.53)***	0.529 (4.09)***	0.764 (6.80)***	0.754 (7.12)***	0.751 (6.88)***	0.773 (6.37)***
g	14.311 (2.26)**	12.794 (1.80)*	11.755 (1.82)*	11.425 (1.88)*	7.725 (1.91)*	7.389 (1.88)*	7.519 (1.91)*	8.243 (2.32)**
$e_{R-w} \cdot g$	0.487 (2.70)***	0.439 (1.97)*	0.403 (1.76)*	0.423 (1.97)*	0.171 (2.43)**	0.137 (1.91)*	0.134 (1.99)*	0.154 (2.07)**
$e_{0-R} \cdot g$	-0.494 (2.87)***	-0.446 (-1.86)*	-0.408 (1.95)*	-0.411 (-1.75)*	-0.228 (-1.78)*	-0.210 (-1.72)*	-0.212 (-1.74)*	-0.239 (-2.16)**
youthdepen		0.149 (0.46)	0.208 (0.64)	-0.089 (-0.24)		-0.295 (-1.61)	-0.235 (-1.47)	-0.250 (-1.39)
olddepen		0.836 (1.07)	0.607 (0.75)	0.617 (0.78)		-0.442 (-1.46)	-04311 (-1.43)	-0.471 (-1.42)
e_0			0.291 (1.42)	0.396 (2.32)**			0.079 (1.01)	0.073 (0.97)
Year 1				1.469 (1.50)				1.115 (1.90)*

续表

项目	模型（7）差分 GMM	模型（8）差分 GMM	模型（9）差分 GMM	模型（10）差分 GMM	模型（11）系统 GMM	模型（12）系统 GMM	模型（13）系统 GMM	模型（14）系统 GMM
Yr2				-0.325 （-0.46）				-0.196 （-0.03）
Yr3				-0.296 （-0.69）				-0.413 （-0.85）
Yr4				0.008 （-0.01）				-0.097 （-0.22）
Constant					2.101 （1.02）	15.123 （1.53）		9.040 （1.02）
Observations	628	628	628	628	808	808	808	808
Number of groups	175	175	175	175	178	178	178	178
Arellano-Bond test for AR（1）P 值	0.001	0.004	0.000	0.007	0.000	0.000	0.000	0.136
Arellano-Bond test for AR（2）P 值	0.770	0.795	0.805	0.994	0.845	0.987	0.893	0.838
Hansen test of overid P 值	0.341	0.270	0.312	0.261	0.122	0.130	0.207	0.076

　　广义矩方法检验结果显示，所有模型都通过了 Arellano-Bond
二阶检验，各模型中 Hansen 检验的 P 值基本上在 0.1 以上，只有
模型（14）的 Hansen 统计量 P 值略低，但也可以通过 5% 显著性
水平检验。

　　从经济增长率的系数来看，各模型中经济增长率系数均显
著为正，与生命周期理论一致。从人口抚养比的系数来看，系
统广义矩模型（12）~（14）的人口抚养比变量系数为负值，
但没能通过显著性检验，差分广义矩模型（8）~（10）中人口
抚养比变量系数基本为正，并且也未能通过显著性检验；从出
生时预期寿命的系数来看，系数均为正值，除模型（10）外，
其他也没有通过显著性检验。人口抚养比和出生时预期寿命系
数的非显著性可能说明，人口因素对于国民储蓄率的影响主要
体现在分段预期寿命，在引入分段预期寿命之后，人口抚养比
变量和出生时预期寿命变量对国民储蓄率的影响变得不再显
著。我们主要关注分段预期寿命与经济增长率的交互项，老年
期预期寿命与经济增长率交互项 $e_{R \sim \omega} \cdot g$ 的系数显著为正，工
作期预期寿命与经济增长率交互项 $e_{0 \sim R} \cdot g$ 的系数显著为负，
$e_{0 \sim R} \cdot g$ 的系数显著小于 $e_{R \sim \omega} \cdot g$ 的系数，这个估计结果与理论
预期结果一致，系统广义矩方法与差分广义矩方法都在一定程
度上支持前文理论研究结论。

　　显著为正的老年期分段预期寿命与经济增长率交互项系数的
估计结果说明，老年期预期寿命的延长会提高经济增长率的储蓄
率效应，相同的经济增长率提高，老年期预期寿命越高，能引致
的国民储蓄率增长越大；同时，显著为负的工作期分段预期寿命

与经济增长率交互项系数的估计结果则说明，工作期预期寿命的延长会降低经济增长率的储蓄率效应，相同的经济增长率提高，工作期预期寿命越高，能引致的国民储蓄率增长越小。上述实证结论正是可变增长率模型的含义，即经济增长率对国民储蓄率影响效应的大小要受到分段预期寿命的影响。预期寿命与经济增长率交互项的估计结果也说明工作期与老年期分段预期寿命变动具有不同的储蓄率效应，老年期分段预期寿命的延长会引起国民储蓄率的提高，工作期分段预期寿命的延长则会引起国民储蓄率的降低，并且，分段预期寿命储蓄率效应的大小由经济增长率决定，经济增长率越高，分段预期寿命变动能引致的国民储蓄率变动幅度越大。

三　分段预期寿命变动规律对储蓄率的影响

理论与实证分析结果显示，工作期和老年期预期寿命的延长对总储蓄率的影响效应不同，在经济增长率不变时，工作期预期寿命延长会降低总储蓄率水平，而老年期预期寿命延长则会提高总储蓄率水平；并且，工作期和老年期预期寿命的变动对总储蓄率的影响取决于经济增长率，经济增长率越高，分段预期寿命变动对总储蓄率的影响效应越大。现实中，根据前面章节的分析结论，不同国家和地区的分段预期寿命变动规律不同，大致分为高收入国家组总体表现出的老年期分段预期寿命延长主导模式，和其他国家总体表现出的工作期与老年期分段预期寿命延长共同主导模式。按照分段预期寿命变动的不同规律，我们针对两种分段预期寿命变动规律，各选取了两个代表性国家和地区列出了分段预期寿命情况。具体见表 6 - 5。

表 6 - 5 部分国家和地区出生时预期寿命和分段预期寿命情况

项目	国家	年份	e_{15}（年）	$e_{15 \sim 60}$（年）	e_{60}（年）	$_{45}p_{15}$（‰）	$_{45}p_{15} \cdot e_{60}$（年）
老年期预期寿命明显提高的国家（地区）	日本	1980 ~ 1985	62.78	43.86	20.92	904.364	18.92
		1995 ~ 2000	65.99	44.12	23.64	924.988	21.87
		2005 ~ 2010	68.04	44.22	25.51	933.750	23.82
	中国香港	1980 ~ 1985	61.73	43.70	20.36	885.324	18.03
		1995 ~ 2000	64.89	44.14	22.52	921.264	20.75
		2005 ~ 2010	67.70	44.37	24.75	942.524	23.33
工作期与老年期预期寿命均有一定提高的国家（地区）	阿富汗	1980 ~ 1985	43.70	36.49	13.25	553.962	7.34
		1995 ~ 2000	49.28	39.35	14.89	574.534	8.55
		2005 ~ 2010	51.58	40.47	15.53	625.187	9.71
	不丹	1980 ~ 1985	44.75	36.68	14.63	551.451	8.07
		1995 ~ 2000	51.36	39.80	17.00	680.049	11.56
		2005 ~ 2010	56.13	41.51	19.17	762.648	14.62

注：数据来源于联合国网站。其中，15 ~ 60 岁预期寿命根据 $e_{15 \sim 60} = e_{15} - _{45}p_{15} \cdot e_{60}$ 计算。

从表 6 - 5 中的数据来看，1980 ~ 2010 年，日本和中国香港 15 岁开始的预期寿命 e_{15} 有明显提高，从分段预期寿命来看，15 ~ 60 岁工作期预期寿命提高的幅度较小，而老年期预期寿命的延长是 e_{15} 提高的主要原因；同时，阿富汗和不丹 15 岁开始的预期寿命 e_{15} 也有所提高，但从分段预期寿命来看，与日本和中国香港不同，阿富汗和不丹的工作期预期寿命与老年期预期寿命均有明显的提高。总体来看，第一类国家（地区）主要是预期寿命较高的发达国家（地区），这类国家（地区）的工作期预期寿命 $e_{15\sim60}$ 已经基本接近该时段死亡概率为 0 时的最高水平 45 岁，因此这些国家和地区未来预期寿命延长主要将由老年期预期寿命引致；第二类国家（地区）主要是预期寿命较低的经济相对落后的国家和地区，工作期预期寿命与老年期预期寿命都相对较低，不同生命时段的分段预期寿命都具有相对较大的增长空间，因此，未来预期寿命的延长将是工作期预期寿命与老年期预期寿命共同提高的结果。由于预期寿命延长过程中分段预期寿命不同的变动将对国民储蓄率产生不同的影响效应，在其他条件相同的情况下，同样的预期寿命延长年限，将由于分段预期寿命变动的不同规律，产生不同的国民储蓄效应，如果预期寿命提高主要是由老年期预期寿命延长引起的，预期寿命延长提高国民储蓄率的效应会更明显，而如果预期寿命延长是由工作期预期寿命和老年期预期寿命延长共同引致，预期寿命延长的储蓄效应将由分段预期寿命变动决定。目前，全球预期寿命延长模式有从工作期和老年期预期寿命延长共同主导模式向老年期分段预期寿命延长主导模式转变的趋势，在其他条件不变时，相同预期寿命延长条件下，老年期分段预期寿命延长主导模式将比工作期和老年期预期寿命延长共同主导模式具有对国民储蓄率的更大的提高效应。

但是，预期寿命延长对国民储蓄率的影响效应同时还取决于其他几个因素。一是退休年龄，退休年龄的提高，意味着工作期的延长和老年期的缩短，相当于工作期预期寿命的提高和老年期预期寿命的缩短，在总体预期寿命不变的条件下，将具有降低国民储蓄率的效应。二是人口结构，抚养比的提高会对国民储蓄率产生影响，由于预期寿命延长过程中一般伴随着少儿抚养比的下降和老年抚养比的上升，因此，预期寿命延长对储蓄率的影响效应必须要同时考虑人口结构变动对储蓄率的影响效应。三是经济增长率，经济增长率水平直接决定分段预期寿命变动对储蓄率影响效应的大小，如果经济增长率水平较低，预期寿命变动对储蓄率的影响可能较小。

第三节 本章小结

本章利用跨国面板数据，采用固定效应与动态面板方法对第五章理论分析结论进行实证检验，主要得出以下研究结论。

第一，利用劳动力年龄组划分标准，我们构建了工作期分段预期寿命 $e_{0 \sim R}$ 与老年期分段预期寿命 $e_{R \sim \omega}$ 的代理变量来对式 (5 - 40) 进行检验。假设 15 岁为工作期开始年龄，并将 60 岁设定为退休期开始年龄。在前述设定下有：$e_{R \sim \omega} = {}_{45}p_{15} \cdot e_{60}$，$e_{0 \sim R} = e_{15} - {}_{45}p_{15} \cdot e_{60}$，其中，$e_{15}$ 为从 15 岁开始的预期寿命，e_{60} 为从 60 岁开始的预期寿命，${}_{45}p_{15}$ 为 15 岁个体存活至 60 岁的概率，$e_{15} - {}_{45}p_{15} \cdot e_{60}$ 为工作期分段预期寿命，${}_{45}p_{15} \cdot e_{60}$ 为老年期分段预期寿命。

第二，在确定分段预期寿命的代理变量的基础上，我们通过搜集联合国和世界银行相关数据，整理成 218 个国家和地区1981 ~ 2010 年 30 年的面板数据，并对所有变量每 5 年取平均值。进一步，分别利用固定效应方法和广义矩方法对实证模型 (6 - 3) 进行估计。估计结果显示，老年期预期寿命与经济增长率交互项 $e_{R \sim \omega} \cdot g$ 的系数基本显著为正，工作期预期寿命与经济增长率交互项 $e_{0 \sim R} \cdot g$

的系数基本显著为负，$e_{0 \sim R} \cdot g$ 的系数显著小于 $e_{R \sim \omega} \cdot g$ 的系数，这个估计结果与理论预期结果一致。

第三，目前全球预期寿命延长模式有从工作期和老年期预期寿命延长共同主导模式向老年期分段预期寿命延长主导模式转变的趋势，根据理论分析结果，在其他条件不变时，相同预期寿命延长条件下，老年期分段预期寿命延长主导模式将比工作期和老年期预期寿命延长共同主导模式具有对国民储蓄率更大的提高效应。

第七章　中国预期寿命延长对国民储蓄率的影响效应

本章主要分析中国预期寿命延长对国民储蓄率的影响效应。一是分析中国国民储蓄率以及预期寿命的变动趋势，二是利用分省面板数据定量研究预期寿命延长对中国国民储蓄率的影响效应，三是分析中国分段预期寿命的变动趋势以及对国民储蓄率的影响。

第一节　中国国民储蓄率水平以及预期寿命情况

一　中国国民储蓄率水平

1. 中国国民储蓄率水平及国际比较

我们依然使用前面章节中对国民储蓄率的定义，即 GDP 中减去总消费之后的部分占 GDP 的比重。利用各年中国统计年鉴，我们搜集了 1978 年以来中国国民储蓄率的数据。1978～2013 年，中国国民储蓄率总体呈现上升趋势，从 1978 年的 37.9% 提高至 2013 年的 50.2%。其中，国民储蓄率最高值 51.8% 出现在 2010 年，从 2010 年至今，国民储蓄率开始呈现稳中有微小幅度下降的态势。1978～2013 年中国国民储蓄率变动情况见图 7-1。

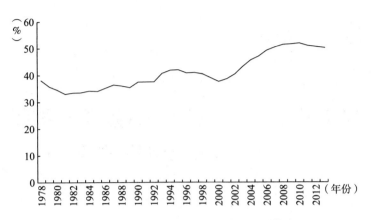

图 7 - 1　1978～2013 年中国国民储蓄率

中国国民储蓄率水平尽管近年来出现小幅下降，但依然处于较高水平，2006～2010 年，中国国民储蓄率平均为 51.52%，远高于全球同期 19.00% 的平均水平。我们进一步列出全球 1981 年以来不同收入组别和地区的平均储蓄率水平，以通过国际比较的方式更清晰地体现中国目前的国民储蓄率水平（见表 7 - 1）。

表 7 - 1　国民储蓄率水平的国际比较

单位:%

项目	1981～ 1985 年	1986～ 1990 年	1991～ 1995 年	1996～ 2000 年	2001～ 2005 年	2006～ 2010 年
全球平均	16.31	17.40	16.66	16.66	17.81	19.00
高收入国家	24.08	24.09	24.07	25.06	28.23	30.09
中高收入国家	20.02	19.72	17.59	19.21	18.26	21.50
中低收入国家	7.51	10.71	11.32	7.78	10.86	11.14
低收入国家	4.14	6.41	4.37	5.09	3.49	1.31
中国	34.84	36.97	41.41	40.69	43.15	51.52

注：1. 根据世界银行网站相关数据整理；2. 根据世界银行对世界各国按照收入水平分组方法进行不同国家和地区的分组。

从国际比较情况来看，从 1981 年开始，中国国民储蓄率水平一直明显高于世界平均水平，且都在世界平均水平的 2 倍以上。从各收入组别的比较来看，大致规律是收入水平越高的组别，其国民储蓄率水平相应越高，但中国国民储蓄率水平也明显高于高收入组别。总体上看，中国国民储蓄率水平较高。

2. 国民储蓄率水平的省际比较

我们搜集了全国各省、自治区和直辖市 1993～2012 年部分年份国民储蓄率情况，通过省际比较，可以更加清晰地反映出中国国民储蓄率水平。国民储蓄率水平的省际比较见表 7－2。

表 7－2　1993～2012 年部分年份各地区国民储蓄率水平

单位:%

地区	1993	1995	2000	2006	2007	2008	2009	2010	2011	2012
全国	40.7	41.9	37.7	49.2	50.4	51.4	51.5	51.8	50.9	50.5
北京	64.1	63.7	46.6	49.0	48.1	45.8	43.0	43.1	41.6	40.4
天津	54.3	57.9	50.4	60.4	60.5	62.3	61.7	61.6	62.1	62.2
河北	48.5	52.7	55.6	56.7	56.9	58.2	58.1	59.2	60.7	58.3
山西	40.6	42.6	48.2	52.9	54.9	56.2	54.5	55.1	56.7	54.5
内蒙古	35.8	39.3	43.2	56.9	59.0	61.4	59.5	60.7	61.5	60.7
辽宁	52.1	46.2	44.6	56.4	57.7	59.1	58.5	60.0	60.1	59.5
吉林	39.3	37.7	36.4	56.9	53.8	55.0	55.4	59.6	60.4	61.1
黑龙江	36.6	40.4	49.9	52.3	50.3	48.3	43.5	46.1	47.6	47.0
上海	55.1	55.9	53.0	51.0	50.6	49.0	47.7	45.1	43.6	42.9
江苏	58.3	56.3	56.6	58.4	58.0	58.5	58.3	58.4	58.0	58.0
浙江	55.5	57.6	48.7	52.3	54.0	54.2	52.7	54.0	53.5	52.4
安徽	37.9	41.4	36.0	44.8	45.9	48.3	48.5	49.7	50.3	51.0
福建	40.6	46.3	45.6	50.9	53.8	55.1	56.4	56.9	59.3	60.0

地区	1993	1995	2000	2006	2007	2008	2009	2010	2011	2012
江西	36.3	36.5	35.9	51.0	51.9	52.8	53.7	52.5	52.2	51.2
山东	54.5	50.4	51.8	59.4	59.8	60.0	60.0	60.9	60.1	58.9
河南	47.7	46.9	45.7	50.6	54.5	56.9	55.1	55.8	56.2	54.9
湖北	39.5	44.2	46.0	46.7	47.6	49.8	52.2	54.3	55.7	55.9
湖南	30.8	36.4	30.4	40.1	44.1	48.2	49.1	52.6	53.8	54.1
广东	49.9	44.4	46.8	52.5	53.3	53.3	51.4	51.1	51.0	48.7
广西	34.4	35.1	30.4	41.4	42.6	44.7	43.6	48.4	52.2	50.0
海南	33.5	48.2	44.8	47.0	47.4	50.9	51.1	53.8	53.2	51.5
重庆	—	—	44.3	48.3	47.9	50.2	50.4	51.9	53.6	52.7
四川	38.8	37.9	35.2	44.5	46.3	48.1	49.0	49.9	50.4	50.0
贵州	27.4	15.9	10.6	20.7	27.6	33.9	33.5	36.3	39.7	42.3
云南	39.5	42.9	24.2	33.3	38.1	40.1	38.9	40.0	40.7	38.8
西藏	26.6	33.7	43.8	48.4	29.4	33.1	30.4	35.7	38.4	35.4
陕西	32.2	32.3	42.2	49.6	50.6	52.7	52.3	54.2	55.5	55.8
甘肃	29.3	31.9	39.6	40.0	41.1	40.1	37.2	40.3	40.9	41.1
青海	33.6	32.1	34.9	34.7	36.1	41.7	43.0	46.6	48.5	47.3
宁夏	30.8	33.2	34.3	36.6	41.4	45.8	51.5	51.2	51.5	49.4
新疆	40.5	39.9	44.4	52.3	50.9	50.6	47.2	46.8	46.8	43.2

注：1. 根据国家统计局网站数据计算整理；2. 重庆 1993～1995 年数据有缺失。

从表 7-2 中的数据来看，2012 年国民储蓄率最高的地区是天津、吉林、内蒙古和福建，这四个地区的国民储蓄率达到或超过了 60%；国民储蓄率最低的地区是云南和西藏，这两个地区国民储蓄率低于 40%；北京、黑龙江、上海、广东、贵州、甘肃、青海、宁夏和新疆国民储蓄率水平介于 40%～50%；其余地区的国民储蓄率在 50%～60%。值得注意的是，北京和上海两个全国最发达地区，国民储蓄率自 1993 年起有了明显的下降，北京的国民储蓄率水平从 1993 年的 64.1% 下降至 2012 年的 40.4%，上海的国民储蓄率水平则从 1993 年的 55.1% 下降至 2012 年的 42.9%。

二 中国预期寿命情况

1. 预期寿命变动与国际比较

1950 年以来，中国预期寿命有了大幅度提高，根据联合国人口信息网相关数据，1950～1955 年中国平均出生时预期寿命仅为 44.59 岁，2005～2010 年已经提高至 74.44 岁。根据联合国数据库中相应数据，我们搜集整理了 1961～2012 年中国平均出生时预期寿命，具体情况见图 7－2。

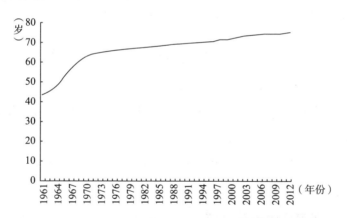

图 7－2 1961～2012 年中国平均出生时预期寿命

从总体上来看，中国平均出生时预期寿命一直呈现上升趋势，特别是 20 世纪 70 年代中期之前上升速率较快，之后，中国平均出生时预期寿命上升速率有所减缓，但上升趋势一直并未改变。我们也搜集了全球不同国家和地区出生时预期寿命的数据，并与中国出生时预期寿命进行对比，具体情况见表7-3。

表7-3　出生时预期寿命的国际比较

项目	1960~1965	1965~1970	1970~1975	1975~1980	1980~1985	1985~1990	1990~1995	1995~2000	2000~2005	2005~2010
全球	55.23	57.37	59.30	61.18	63.06	64.6	65.62	66.64	67.93	69.44
高收入组	66.30	67.70	69.12	70.47	71.62	72.84	73.84	75.06	76.35	77.53
中高收入组	57.07	59.72	62.04	64.03	66.02	67.73	68.63	69.30	70.20	71.29
中低收入组	49.73	51.98	54.13	56.21	58.41	60.35	61.58	62.46	63.64	65.22
低收入组	40.98	43.02	44.78	46.71	49.30	50.55	50.90	52.15	54.17	56.95
中国	46.94	59.01	64.90	66.51	67.83	69.03	69.99	71.29	73.40	74.58

注：1. 根据联合国《2013年全球人口发展报告》数据整理；2. 根据世界银行对世界各国按照收入水平分组方法进行不同国家和地区的分组。

从表7-3中的数据来看，1960~1965年中国平均出生时预期寿命低于全球平均水平，自1965~1970年开始，中国平均出生时预期寿命开始超过全球平均水平，自1970~1975年起开始超过中高收入国家和地区平均水平，2005~2010年，中国平均出生时预期寿命已超过全球平均水平约5岁，超过所在的中高收入组平均水平约3.2岁。

2. 预期寿命的省际比较

我们进一步对中国各省、自治区和直辖市的出生时预期寿命进行了比较，可以更加深入和清楚地分析中国出生时预期寿命的变动。各地区出生时预期寿命情况见表7-4。

表 7-4　各地区出生时预期寿命

单位：岁

地区	1990	2000	2012
全国	68.55	71.40	74.83
北京	72.86	76.10	80.18
天津	72.32	74.91	78.89
河北	70.35	72.54	74.97
山西	68.97	71.65	74.92
内蒙古	65.68	69.87	74.44
辽宁	70.22	73.34	76.38
吉林	67.95	73.10	76.18
黑龙江	66.97	72.37	75.98
上海	74.90	78.14	80.26
江苏	71.37	73.91	76.63
浙江	71.78	74.70	77.73
安徽	69.48	71.85	75.08
福建	68.57	72.55	75.76
江西	66.11	68.95	74.33
山东	70.57	73.92	76.46
河南	70.15	71.54	74.57
湖北	67.25	71.08	74.87
湖南	66.93	70.66	74.70
广东	72.52	73.27	76.49
广西	68.72	71.29	75.11
海南	70.01	72.92	76.30
重庆	—	71.73	75.70
四川	66.33	71.20	74.75
贵州	64.29	65.96	71.10

续表

地区	1990	2000	2012
云南	63.49	65.49	69.54
西藏	59.64	64.37	68.17
陕西	67.40	70.07	74.68
甘肃	67.24	67.47	72.23
青海	60.57	66.03	69.96
宁夏	66.94	70.17	73.38
新疆	62.59	67.41	72.35

注：根据各年《中国人口统计年鉴》整理。1990年重庆数据缺失。

从表7-4中的数据来看，各地区的平均出生时预期寿命也总体呈现上升趋势。2012年全国出生时预期寿命最高的地区是北京和上海，均超过了80岁；其余地区的出生时预期寿命多数都在70~80岁；出生时预期寿命较低的地区有青海、云南和西藏，这三个地区的出生时预期寿命低于70岁。

第二节　出生时预期寿命对中国国民储蓄率影响的实证分析

由于统计资料的限制，我们无法获取中国分地区15岁开始的预期寿命和分段预期寿命，因此，本节我们以出生时预期寿命为主要关注变量，分析出生时预期寿命变动对中国国民储蓄率的影响。

一　计量模型设定与数据处理

我们仍然采用在简单线性模型中加入预期寿命变量的方法，

在生命周期理论的基础上，引入出生时预期寿命变量。实证模型确定为式（7-1）：

$$s_T = \beta_0 + \beta_1 \cdot g + \beta_2 \cdot youthdepen + \beta_3 \cdot olddepen + \beta_4 \cdot e_0 + \sum \beta_i \cdot X_i + \varepsilon_T$$

$$(7-1)$$

其中，s_T 为国民储蓄率，计算方式为 GDP 减去总消费额之后占 GDP 的比重。g 为实际国民收入增长率，即按照相同价格计算的各年经济增长率，$youthdepen$ 与 $olddepen$ 分别为少儿抚养比与老年抚养比。e_0 为出生时的预期寿命，是本书主要关注的变量。由于现实中储蓄率的调整需要一定的时间，因此我们将滞后一期的储蓄率加入实证模型，同时，为了控制物价水平的影响，我们还引入了通货膨胀率。实证模型中 X_i 为控制变量，包括滞后一期的储蓄率 $L. s_T$ 及通货膨胀率 $inflation$。由于中国分地区预期寿命仅有少数几年的数据，为了避免数据不足而影响估计结果，我们使用分地区平均死亡率作为预期寿命的代理变量。平均死亡率与出生时预期寿命成反比，因此，如果平均死亡率系数的符号为负，则意味着出生时预期寿命延长会提高国民储蓄率，反之，如果平均死亡率系数的符号为正，则意味着出生时预期寿命延长会降低国民储蓄率。实证模型中各变量的含义见表 7-5。

表 7-5　变量名称及含义

变量名	变量的含义
s_T	国民储蓄率：GDP 减去总消费额之后占 GDP 的比重
$L. s_T$	滞后一期的国民储蓄率
g	经济增长率，按照相同价格计算

续表

变量名	变量的含义
youthdepen	少儿抚养比：0~14 岁人口占 15~64 岁人口的比例
olddepen	老年抚养比：65 岁及以上人口占 15~64 岁人口的比例
e_0	出生时预期寿命：利用平均死亡率作为代理变量
inflation	通货膨胀率：以各地区 CPI 指数为代理变量

利用《中国人口和就业统计年鉴》（2005~2012）、《中国人口统计年鉴》（1991~2012）、《中国统计年鉴》（1991~2012），我们搜集整理并形成了全国 1991~2010 年共 20 年的省际面板数据。其中，各地区平均死亡率以及人口结构变量来自《中国人口和就业统计年鉴》和《中国人口统计年鉴》，其他数据来自《中国统计年鉴》。为了避免短期中数据波动的影响，我们依然对数据按照每 5 年取平均值，形成除重庆之外共 30 个地区、时期数为 4 期的面板数据。所有数据的描述性统计见表 7-6。

表 7-6　变量的描述性统计

Variable	Obs.	Mean	Std. Dev.	Min	Max
s_T	120	47.86	9.21	12.50	61.10
g	120	9.89	2.35	4.31	12.94
e_0	120	6.31	0.74	4.48	8.81
youthdepen	120	68.12	31.24	12.07	187.14
olddepen	120	20.03	5.12	9.13	38.33
inflation	120	5.19	6.84	-3.23	28.36

二　估计结果及分析

我们分别采取了固定效应方法和动态面板方法对实证模型式（7-1）进行估计，估计结果见表7-7。其中模型（1）~（3）为固定效应方法估计结果，模型（4）~（7）为动态面板方法估计结果。

表7-7中，模型（1）为仅包含经济增长率与平均死亡率的固定效应模型，估计结果显示，经济增长率系数显著为正值，与理论预期一致，平均死亡率的系数显著为负值，意味着出生时平均预期寿命的延长会提高国民储蓄率水平。在模型（1）的基础上，模型（2）进一步加入了人口抚养比变量，估计结果显示，少儿抚养比与老年抚养比的系数均为负值，与理论预期结果一致，在加入人口抚养比变量之后，平均死亡率的系数依然显著为负；在模型（2）的基础上，模型（3）进一步加入了滞后一期的储蓄率和通货膨胀率，估计结果显示，平均死亡率的系数也是显著为负的。按照固定效应方法的估计结果，作为出生时预期寿命代理变量的平均死亡率的系数在各模型中均显著为负值，说明中国出生时预期寿命的延长具有提高国民储蓄率的效应。

为了避免经济增长率以及滞后一期储蓄率的内生性问题，我们进一步利用动态面板估计方法对实证模型式（7-1）进行了估计。在动态面板方法中，我们将滞后一期的储蓄率和经济增长率作为内生变量，其他变量作为前定变量和外生变量。模型（4）与模型（5）为差分广义矩估计结果，其中模型（4）

自变量包括经济增长率、平均死亡率、人口抚养比和滞后一期的储蓄率，模型（5）进一步引入了通货膨胀率和时间虚拟变量。模型（4）与模型（5）中，经济增长率变量系数为正，人口抚养比变量系数为负，均与已有研究结论一致，平均死亡率的系数显著为负，依然支持固定效应模型中出生时预期寿命延长会提高国民储蓄率水平的结论。模型（6）与模型（7）为系统广义矩估计方法，其中模型（6）自变量包括经济增长率、平均死亡率、人口抚养比和滞后一期的储蓄率，模型（7）进一步引入了通货膨胀率和时间虚拟变量。系统广义矩方法下的估计结果基本上与差分广义矩估计结果接近，平均死亡率的系数显著为负，出生时预期寿命延长会提高国民储蓄率水平的结论依然得到支持。广义矩估计中，Arellano-Bond test for AR（2）的 P 值均通过检验，Hansen 统计量均比较理想，动态面板估计总体上是有效的。

综合固定效应方法和动态面板方法的估计结果，经济增长率对国民储蓄率的影响效应为正，人口抚养比对国民储蓄率的影响为负，都与已有研究结论一致。从预期寿命变量的影响来看，平均死亡率的系数显著为负，出生时平均预期寿命延长具有提高国民储蓄率的效应。中国平均出生时预期寿命一直处于上升趋势之中，距离发达国家也尚有距离，因此，未来中国出生时预期寿命的延长，将会继续使国民储蓄率水平提高。

表7-7 固定效应与广义矩方法估计结果

变量	模型（1）FE	模型（2）FE	模型（3）FE	模型（4）差分GMM	模型（5）差分GMM	模型（6）系统GMM	模型（7）系统GMM
$L.s_T$			0.242 （1.68）*	0.256 （2.89）***	0.265 （1.91）*	0.216 （2.34）**	0.215 （2.00）**
g	0.254 （2.02）**	0.369 （2.03）**	0.453 （0.342）	0.698 （0.354）	1.674 （0.50）	2.679 （0.24）	4.023 （1.18）
z_0	-2.167 （-2.23）**	-2.087 （-2.43）**	-2.421 （-2.43）**	-1.976 （-2.46）**	-3.465 （3.49）***	-1.756 （-2.96）***	-1.989 （-2.45）**
youthdepen		-0.453 （1.99）**	-0.521 （-0.32）	-0.403 （-0.04）	-0.783 （-0.15）	-2.543 （1.74）*	-1.256 （1.84）*
olddepen		-0.671 （2.10）**	-0.872 （1.89）*	-1.231 （-0.86）	-0.968 （-0.72）	-0.782 （-0.56）	-0.465 （1.72）*
inflation			-0.004 （0.34）		-0.003 （0.46）		0.004 （0.34）
Constant						50.341 （73.20）***	62.478 （1.20）
Year 1					2.458 （0.65）		3.406 （1.38）

续表

变量	模型(1) FE	模型(2) FE	模型(3) FE	模型(4) 差分 GMM	模型(5) 差分 GMM	模型(6) 系统 GMM	模型(7) 系统 GMM
Year 2					4.657 (0.41)		4.302 (2.04)**
R^2	0.06	0.07	0.27				
Observations				120	120	120	120
Number of groups				30	30	30	30
Arellano-Bond test for AR(1)P 值				0.091	0.074	0.145	0.035
Arellano-Bond test for AR(2)P 值				0.267	0.731	0.874	0.623
Hansen test of overid P 值				0.342	0.582	0.899	0.457

第三节　分段预期寿命对中国国民储蓄率的影响

由于统计资料的限制，我们没能获取到中国分地区的分段预期寿命数据，因此，只能利用全国数据来进行分析。从分段预期寿命来看，在中国出生时预期寿命大幅提高的背景下，中国工作期与老年期分段预期寿命也在发生变化，主要表现为工作期与老年期分段预期寿命同步延长。1950 年以来中国分段预期寿命情况见表 7 − 8。

表 7 − 8　1950 ~ 2010 年中国国民储蓄率以及
工作期与老年期分段预期寿命

年份	$e_{15 \sim 60}$（岁）	$e_{60 \sim \omega}$（岁）
1950 ~ 1955	37.33	5.91
1955 ~ 1960	37.97	6.49
1960 ~ 1965	37.31	5.97
1965 ~ 1970	41.38	11.28
1970 ~ 1975	42.59	13.83
1975 ~ 1980	42.74	14.18
1980 ~ 1985	42.88	14.51
1985 ~ 1990	43.02	14.83
1990 ~ 1995	43.14	15.15
1995 ~ 2000	43.25	15.46
2000 ~ 2005	43.45	17.04
2005 ~ 2010	43.65	17.58

注：根据联合国《2013 年全球人口发展报告》中数据整理计算。

从中国分段预期寿命变动情况来看，1950～2010 年，工作期分段预期寿命提高了 6.32 岁，老年期分段预期寿命提高了 11.67 岁，老年期分段预期寿命提高幅度明显高于工作期分段预期寿命提高幅度。工作期分段预期寿命显示出小幅上升并逐渐稳定的趋势，1950～1980 年 30 年间工作期分段预期寿命提高了 5.41 岁，1980～2010 年同样 30 年的时间当中，工作期分段预期寿命仅仅提高了 0.91 岁；而老年期的分段预期寿命目前依然处于上升趋势之中，1950～1980 年 30 年间老年期分段预期寿命提高了 8.27 岁，1980～2010 年 30 年间老年期分段预期寿命提高了 3.40 岁。

从中国分段预期寿命的国别比较来看，按照世界银行依据收入水平分组中国为中高收入国家，但分段预期寿命高于中高收入国家的平均水平，中国分段预期寿命的提高在一定程度上超前于中国经济发展水平。从工作期分段预期寿命来看，中国的工作期分段预期寿命已经达到 43.65 岁，距离全球最高水平香港的 44.37 岁仅有 0.72 岁的距离，距离死亡率为 0 时工作期最高寿命也仅有 1.35 岁的距离，未来中国工作期分段预期寿命增长空间有限；从老年期分段预期寿命来看，中国老年期分段预期寿命为 17.58 岁，距离全球最高水平日本的 23.82 岁尚有 6.24 岁的距离，并且日本等高收入国家的老年期分段预期寿命尚处于明显上升趋势中，未来中国老年期分段预期寿命的上升空间相对较大。

综合近年来中国工作期分段预期寿命增速明显放缓的情况以及高收入国家组目前分段预期寿命的变动特征，我们认为，未来中国预期寿命延长主要的贡献更有可能来自老年期分段预期寿命的提高，中国预期寿命增长模式将从工作期与老年期分段预期寿命同步主导模式向老年期分段预期寿命延长的主导模式转变。根据前文的实证研究结论，老年期分段预期寿命具有提高国民储蓄率的效应，而工作期分段预期寿命的延长则会降低国民储蓄率。在之前的一定时间段内，老年期分段预期寿命与工作期分段预期寿命同时增长，因此，老年期分段预期寿命延长所引致的国民储蓄率提高，在一定程度上会被工作期分段预期寿命的提高所抵消。

而随着中国预期寿命增长模式从工作期分段预期寿命与老年期分段预期寿命同步主导模式向老年期分段预期寿命主导模式转变，工作期分段预期寿命增幅放缓，工作期分段预期寿命延长降低国民储蓄率的效应将会越来越低，而老年期分段预期寿命延长将成为预期寿命提高的主要贡献，将会使预期寿命延长对国民储蓄率的提高效应进一步增大。

第四节　本章小结

本章主要对中国出生时预期寿命和分段预期寿命情况进行分析，并对预期寿命变动影响中国国民储蓄率的效应进行实证研究，主要得到以下研究结论。

第一，1978 年以来，中国国民储蓄率总体呈现上升趋势，从 1978 年的 37.9% 提高至 2013 年的 50.2%。从 2010 年至今，国民储蓄率开始呈现稳中有微小幅度下降的态势，但依然处于较高水平。1950 年以来，中国预期寿命有了大幅度提高，根据联合国人口信息网相关数据，1950～1955 年中国平均出生时预期寿命仅为 44.59 岁，2005～2010 年已经提高至 74.44 岁。

　　第二，利用中国 30 个地区 1991～2010 年的数据，以平均死亡率作为出生时预期寿命的代理变量，我们对出生时预期寿命对中国国民储蓄率的影响进行了实证分析。研究结果显示，出生时平均预期寿命的延长，会显著提高中国国民储蓄率水平。

　　第三，中国分段预期寿命总体呈现同步提高的趋势，未来中国预期寿命增长模式将从工作期与老年期分段预期寿命同步主导模式向老年期分段预期寿命延长的主导模式转变，工作期分段预期寿命增幅将会放缓，工作期分段预期寿命延长降低国民储蓄率的效应将会越来越低，而老年期分段预期寿命延长将成为预期寿命提高的主要贡献，将会使预期寿命延长对国民储蓄率的提高效应进一步增大。

第八章 影响中国国民储蓄率的其他因素

本章主要分析预期寿命之外的其他因素对中国国民储蓄率水平的影响，主要有三个部分。一是分析预防性储蓄对居民储蓄的影响，二是分析人口结构变动对国民储蓄率的影响，三是分析国民储蓄结构的影响。

第一节 预防性储蓄动机

居民储蓄是国民储蓄的重要组成部分，居民储蓄的变动会直接影响国民储蓄率水平。目前最终消费对中国经济增长的贡献率较小，最终消费支出对 GDP 增长的贡献率低于大多数发达国家水平。最终消费对经济增长拉动作用不足主要由居民消费引起，1978 年以来，居民消费支出占 GDP 的比重已从 50% 左右下降至目前的 40% 以下。居民消费增长乏力的原因之一可能是预防性储蓄动机较强，为了验证中国家庭是否存在预防性储蓄动机，我们使用中国家庭收入项目调查（Chinese Household Income Project）中针对中国家庭调查的微观数据，考察并验证消费增长的影响因素，解释中国家庭消费特征。

一　计量模型的确定与数据的处理

1. 计量方程的确定

一个典型消费者，寿命为 T，在第 t 期的目标是：

$$\max E_t \left[\sum_{j=0}^{T-t} (1+\sigma)^{-j} U(C_{i,t+j}) \right] \tag{8-1}$$

$$A_{i,t+j+1} = (1+r_i) A_{i,t+j} + Y_{i,t+j} - C_{i,t+j}, \ A_{i,T+1} = 0$$

约束条件为：$Y_t = P_t \nu_t$

$$P_t = P_{t-1} N_t$$

其中，E_t 为消费者第 t 期的条件期望，T 为死亡年龄，σ 为时间偏好，$C_{i,t}$ 为第 t 期消费，$Y_{i,t}$ 为第 t 期现期收入，ν_t 为现期收入冲击，P_t 为持久收入，N_t 为呈对数正态分布的持久收入随机扰动项，$A_{i,t}$ 为第 t 期资产，r_i 为第 t 期无风险资产收益率，$U(\cdot)$ 为 CRRA 效用函数 $(1-\rho) C_{i,t}^{1-\rho}$。该模型的解在效用函数为 CRRA 形式条件下，在 $r_{t+1} = \varphi_{t+1} = 0$ 处取二阶泰勒级数，可得：

$$E_t (\Delta \ln c_{t+1}) = (\bar{r} - \delta) / \rho + \frac{\rho+1}{2} E_t \varphi^2_{t+1} \tag{8-2}$$

如果消费冲击是对数正态分布的，设 $\eta_{t+1} = \Delta \ln c_{t+1} - E_t (\Delta \ln c_{t+1})$，$\pi_{t+1} = \Delta \ln c_{t+1} - E_t [\Delta \ln c_{t+1}]$，那么式（8-2）将为：

$$\Delta \ln c_{t+1} = (\bar{r} - \delta) / \rho + \frac{\rho}{2} \text{var} (\Delta \ln c_{t+1}) + \gamma_{t+1}[1] \tag{8-3}$$

---

[1]　Carroll, C. D., "Buffer-stock saving and the life cycle/permanent income hypothesis", *National Bureau of Economic Research*, No. 5788, 1996.

其中，$\gamma_{t+1} = \eta_{t+1} + \dfrac{\rho}{2}\pi_{t+1}$，$\rho$ 值为相对谨慎系数，可以度量预防性储蓄动机的大小。同时，收入增长对消费增长的影响受到了广泛关注。为了检验收入增长的作用，我们将收入增长纳入计量方程，可得：

$$\Delta\mathrm{ln}c_{t+1} = \Delta\mathrm{ln}y_{t+1} + \rho^{-1}(\bar{r} - \delta) + (\rho/2)\,\mathrm{var}(\Delta\mathrm{ln}c_{t+1}) + \tau_{t+1} \qquad (8-4)$$

其中，$\Delta\mathrm{ln}y_{t+1} = \mathrm{ln}\dfrac{y_{t+1}}{y_t}$，$\Delta\mathrm{ln}y_{t+1} - E\Delta\mathrm{ln}y_{t+1} = \varepsilon_{t+1}$，$\tau_{t+1} = \varepsilon_{t+1} + \rho/2 \cdot \gamma_{t+1}$。

计量方程最终确定为：

$$\Delta\mathrm{ln}c_{t+1} = \beta_0 + \beta_1\Delta\mathrm{ln}y_{t+1} + \beta_2\bar{r} + \beta_3\mathrm{var}(\Delta\mathrm{ln}c_{t+1}) + \tau_{t+1} \qquad (8-5)$$

2. 数据的来源与处理

本书所使用的数据来源于 inter-university consortium for political and social research（ICPSR）2008 年发布的中国家庭收入项目调查 2002（Chinese Household Income Project，2002）。2002 年的调查中针对 1998~2002 年中国家庭收入和消费进行了补充调查，这为研究家庭消费增长提供了可能。该调查项目由亚洲发展银行、中国社科院、福特基金会和哥伦比亚大学共同发起，共覆盖了中国 22 个省份、9200 户家庭共 37969 人，能够保证样本的多样化，数据说明如下。

家庭消费支出（c_t）：为了确保各年消费数据的一致性，我们选取生活消费支出作为家庭消费支出变量，并根据消费物价指数对各年家庭消费支出进行了调整。

收入（y_t）：问卷中包括个人工资性收入、非工资性收入、家庭经营性收入、家庭其他收入、家庭纯收入等。

实际利率（$\bar{r}_t$）：由于储蓄存款是大多数家庭选择的非现金金融资产形式，因此我们选取银行当年一年期定期存款利率表示名义利率，减去消费物价指数之后得到实际利率。

不确定性［var（c_{t+1}）］：消费不确定性主要来自收入的不确定性。一般来说，不确定性主要是指预期收入偏差的改变，而预期收入可以用预期持久收入来衡量。本书使用家庭持久收入与实际收入平均值之差的平方$(Y_t^p - Y_t)^2$来替代消费不确定性。

持久收入（Y_t^p）：本书用家庭年收入作为家庭收入变量。持久收入按照古扎拉蒂（中译本，2000）的方法，假定按照适应性预期对持久收入预期进行调整，具体方法为：

$$Y_t^p = \lambda Y_t + (1 - \lambda) Y_{t-1}^p \qquad (8-6)$$

其中，Y_t^p为持久收入，Y_t为现期收入，本书设1998年家庭年收入为持久收入，λ取0.75。

二　估计结果与分析

常规假设下，模型的误差项可能与当期变量相关，使参数估计出现偏误。Campell和Mankiw（1990）利用滞后的收入增长和消费增长作为工具变量进而对模型进行了估计，万广华（2001）、杜海韬（2005）等也使用过类似方法。本书将收入增长、利率和不确定性的滞后一期和二期变量作为工具变量组，进而利用两阶段最小二乘法对模型进行回归。Hausman检验结果显示，卡方统计量为21.99，对应P值为0.0001，因此我们选用固定效应模型对方程进行估计。同时，由于选择的工具变量个数超过解释变量个数，所以我们进一步利用广义矩（GMM）方法进行估计。为了避免截面数据可能出现的异方差造成标准差的有偏，从而影响估计结果检验结论，我们通过直接使用异方差稳健标准误。由于使用了滞后一期和二期的滞后变量作为工具变量，面板数据时间跨度仅为两年，因此没有进行单位根检验和处理。在对变量根据各年消费者价格指数调整的基础上，计量方程估计结果见表8-1。

从计量结果来看，Han Sen 统计量为4.157，t 值为0.235，不存在过度识别。从各解释变量来看，收入增长的系数为0.201左右，并且在1%的水平上显著；利率的系数为4.257，在1%的水平上显著；不确定系数为0.012，与预防性储蓄模型的理论推测相一致，并在5%的水平上显著。

表8-1 实证分析结果

工具变量	β_1	β_2	β_3	Han Sen 统计量
无	0.2010 (0.000)	0.064 (0.717)	0.0037 (0.008)	
收入增长（$\Delta \ln y_t$） 收入增长一期滞后（$\Delta \ln y_{t-1}$） 实际利率（$\bar{r}_t$） 实际利率一期滞后（$\bar{r}_{t-1}$） 不确定性$(Y_t^p - Y_t)^2$ 不确定性一期滞后$(Y_{t-1}^p - Y_{t-1})^2$	0.201 (2.92)***	4.258 (3.01)***	0.012 (2.56)**	0.257 (0.235)

注：1. $\Delta \ln c_{t+1}$、$\Delta \ln y_{t+1}$、$\bar{r}_{t+1}$、var（$\Delta \ln c_{t+1}$）对工具变量回归的调整 R^2 分别为 0.0081、0.1704、0.1714、1.1885；2. 表中括号内为 t 值。

计量分析结果显示不确定性的系数为0.012，说明目前中国家庭存在一定的预防性储蓄动机，这将会在一定程度上抑制家庭消费并进而提高国民储蓄率水平。我们认为，目前中国家庭存在一定预防性储蓄动机主要有两个原因。一是收入不确定性在一定程度上存在。在市场化条件下，就业的稳定性和工资增长都具有一定的不确定性，收入受到市场波动影响的程度在不断提高，这会引起家庭产生一定的预防性储蓄动机。二是社会保障制度发展不足。目前各项社会保障制度在覆盖率、保障项目和保障水平等方面还存在着不足，尽管中国社会保障制度发展已经取得了长足的进步，但是社会保障制度的保障能力依然需要提高，这也是中国家庭产生预防性储蓄动机的原因。在这种情况下，通过进一步完善社会保障制度、增强家庭对市场风险的抵御力、提高就业的稳定性等各类手段，来降低家庭收入不确定性和改善收入预期，对于促进消费将发挥重要的作用。

第二节　人口结构的变动

一　人口结构储蓄效应的主要观点

人口结构与储蓄和消费的研究主要分为以下两类。第一类，静态人口结构对消费率的影响。Leff（1969）研究发现控制人均收入之后，总储蓄率与少儿人口比例和老年人口比例成反比；Mason（1981，1987）、Fry 和 Mason（1983）在比较静态框架之内也得出类似结论；Higgins（1994）使用代际交叠模型发现少儿比例对储蓄率的影响较为显著。也有一些研究得出了相反的结论，例如，Goldberger（1973）、Ram（1982）的研究发现并不能证实抚养系数对储蓄率有显著影响；Schultz（2005）研究发现老年人口比重的储蓄效应并不显著。第二类，分析动态人口结构变动对储蓄率的影响，例如，Leff（1969）认为少儿抚养比下降提高储蓄率，而之后的老年人口比重上升将使储蓄率下降；Higgins 和 Williamson（1997）发现20世纪60年代以来亚洲储蓄率的显著增长主要应该归因于同一时期内未成年人抚养比率的降低；Bloom（2007）认为劳动力人口上升会引起之后一段时期之内储蓄率上升，并以此解释了东亚发展奇迹；Lee，Mason 和 Miller（1997）发现人口转变前期总储蓄率下降，中期上升，后期再次下降。尽管目前对人口结构储蓄效应的经验研究结果并不完全一致，但人口结构影响国民储蓄率的观点已经基本上得到公认，特别是少儿抚养比降低会提高国民储蓄率的实证研究结果没有争议，只是对于老年人口比重的储蓄效应还不完全确定。

国内关于人口结构对消费率影响的研究也已开始出现。袁志刚和宋铮（2000）认为中国的高储蓄很可能是人口年龄结构变动下个体的理性选择；王德文和蔡昉（2004）认为人口结构是解释中国高储蓄的重要显著变量，改革以来总抚养比下降对中国储蓄率的贡献率在5%左右，对中国经济增长的贡献在25%；Modigliani 和 Cao（2004）认为人口结构是解释中国居民储蓄率上升的重要因素；汪伟（2008，2010）认为"人口红利"的集中释放是中国高储蓄的重要原因之一，经济增长与适龄劳动力的数量的增加互相强化进一步导致了中国储蓄率的提高。目前，少儿抚养比下降引起中国储蓄率提高也已基本上形成一致结论，而老年人口比重对于储蓄率的影响则有一定争议，例如 Kuijs（2006）认为老年人口比重提高引起储蓄率下降，而汪伟（2010）则提出相反的观点。

二　中国人口结构的特征事实

新中国成立至今，我国的人口状况发生了巨大变化。在由高出生率、低死亡率、高自然增长率到低出生率、低死亡率、低自然增长率的人口转变过程中，我国的人口规模逐渐扩大，人口结构也在悄然发生着变化。中国的人口转变经历了三个阶段：第一阶段为 1949～1971 年，这一阶段除了 1959～1961 年三年困难时期的人口异常波动外，人口的出生率均在 30‰以上，人口的自然增长率逐渐升高，并在 1963 年达到最高值 33.50‰；第二阶段为 1972～1991 年，这一阶段由于国家计划生育政策的实施，人口的生育率有了较大幅度的降低，处于稳定的低生育率水平，此阶段的人口自然增长率也处于较低水平；第三阶段为 1992 年至今，随着经济的飞速发展以及人民生活水平的提高，生育观念也随之发生变化，这一阶段的生育率由 1992 年的 18.24‰降到了 2003 年的 12.08‰，低生育率稳定，同时自然增长率也从 11.6‰下降到 4.92‰。与之相对应的是，中国人口结构也大致经过了三个阶段，从高少儿抚养比过渡到高劳动年龄人口比再过渡到高老年抚养比。

第一阶段表现为高少儿抚养比。新中国成立伊始，饱受战争摧残的社会开始逐渐复苏，社会趋于稳定，经济生产逐步发展，政府为了促进经济复苏，实施鼓励生育的政策，从而导致人口出生率较高，而这一时期的死亡率呈平稳下降的趋势。这一阶段的少儿抚养比由 56.1%快速上升至 1966 年的 75.13%，老年抚养比在 1966 年平稳下降到 6.65%，1966 年我国抚养负担比重为

81.79%。1966 年以后少儿抚养比缓慢下降，老年抚养比平稳上升，1971 年我国少儿抚养比为 72.13%，老年抚养比为 7.28%（见图 8-1）。根据联合国提出的人口结构划分标准，"年轻型"为 65 岁以上人口占 4% 以下或 60 岁以上人口占 7% 以下，"成年型"为 65 岁以上人口占 4%~7% 或 60 岁以上人口占 7%~10%，"老年型"为 65 岁以上人口占 7% 以上或 60 岁以上人口占 10% 以上。这个阶段我国的人口结构属于年轻型。

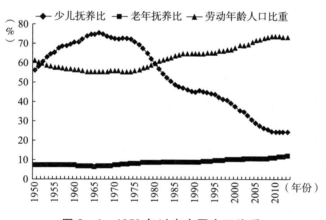

图 8-1　1950 年以来中国人口比重

第二阶段表现为高劳动年龄人口比。20 世纪 70 年代初，我国开始大力推行计划生育政策，1982 年，党的十二大报告明确指出，实行计划生育是我国的一项基本国策。计划生育政策的普及，大大降低了人口出生率，严格控制了我国人口数量的增加。这一阶段我国的出生率迅速下降，死亡率保持稳定，人口的自然增长率由 23.40‰ 下降到 12.98‰。同时，五六十年代在生育率高峰时期出生的婴儿在这一时期已经成熟，劳动年龄人口比重提高。在此阶段，少儿抚养比持续大幅度下降，降幅高达 27.11%，到 1985

年，我国的少儿抚养比已经下降到 50% 以下。老年抚养比呈现上升的态势，上升的幅度和速度都比较小，从整体上来看，社会抚养负担减轻，我国的人口结构由年轻型向成年型转变，人口结构优势开始显现。

第三阶段表现为高老年抚养比。1992 年，我国开始初步建立了社会主义市场经济体制，并逐步发展完善，国民经济得到飞速发展，人民的生活水平、受教育程度、生育观念等都发生了巨大改变，这一阶段，生育率水平持续下降，死亡率稳定在较低水平，人口转变基本完成。与此同时，人口的年龄结构也发生了质的变化。65 岁以上老年人口所占比重由 6.00% 上升到 8.87%，我国人口结构由偏"成年型"向"老年型"转变。根据联合国的标准，当一个国家或地区 65 岁及以上老年人口数量占总人口的比例超过 7% 时，则意味着这个国家或地区进入老龄化。而我国则在 2000 年后即进入了老龄化社会。老年抚养比由 9.1% 上升到 12.14%，增长速度和幅度都高于之前的两个阶段，少儿抚养比由 45% 快速降至 24.67%，我国人口的抚养负担大大减轻。

三　中国人口结构的城乡与地区差异

由于受地域、历史条件、经济发展水平等因素的影响，中国的人口结构在城乡和地区之间具有一定的差异。新中国成立之后，中国实行城乡二元经济体制，城市和乡村的不平衡发展，造成城乡之间经济发展水平、文化卫生条件等存在巨大差距，加之城乡之间不同的地理环境特征，人口结构差异明显。随着社会主义市场经济的不断发展，城市化进程不断加快，乡镇成为由农村到城市过渡的桥梁，其人口结构也略有不同。从总体上看，我国城市、乡镇和农村的少儿抚养比和总抚养比均呈下降趋势，老年抚养比呈上升趋势。从表 8-2 可知，农村的少儿抚养比高于乡镇，也远远超过城市，随着时间的推移，少儿抚养比下降，城市平均每年下降0.634%，乡镇平均每年下降0.748%，农村平均每年下降1.103%，农村少儿抚养比的快速下降，拉近了与城市和乡镇的差距。城市、乡镇、农村老年抚养比平均每年的上升幅度分别为 0.09%、0.234%、1.587%，到2010年，城市老年抚养比为9.59%，乡镇为10.62%，农村为27.07%，农村老年抚养比远远超过城市和乡镇。农村养老负担大幅度地上升，究其原因，主要是随着城乡一体化进程的加快，户籍制度壁垒被打破，促进了劳动力的流动，大量农村青壮年进城务工，造成农村老年人口比例相对较高。数据显示，"五普"期间农村劳动年龄人口绝对数为 525014813 人，"六普"期间下降为 469119425 人。

表 8-2 城乡之间人口结构比较

单位:%

项目	少儿抚养比		老年抚养比		总抚养比	
	2000	2010	2000	2010	2000	2010
城市	21.61	15.27	8.69	9.59	30.29	24.86
乡镇	29.93	22.45	8.28	10.62	38.22	33.07
农村	38.10	27.07	11.20	27.07	49.30	41.29

资料来源：第六次全国人口普查资料。

各区域的人口总量、人口结构也各有不同。东、中、西三大区域少儿抚养比呈下降趋势，老年抚养比呈上升趋势，但幅度不同。1990 年，三大区域的少儿抚养比分别为 40.840%、43.535%、42.108%，中部最高，西部次之，东部最低。到 2006 年，三个区域的少儿抚养比分别下降到 22.150%、26.356%、31.143%，东部地区下降幅度最大，中部次之，西部最小。1990 年，东、中、西三大区域的老年抚养比东部最高，为 9.694%；其次是中部地区，为 8.279%；西部为 7.783%。到 2006 年，西部地区超过中部和东部地区，三大区域的老年抚养比波动式上升，上升幅度分别为 3.110 个、4.063 个、5.344 个百分点，西部地区上升幅度最大，东部最小。具体情况见表 8-3。

表 8-3 1990~2006 年东、中、西部人口结构

单位:%

年份	总抚养比			少儿抚养比			老年抚养比		
	东部	中部	西部	东部	中部	西部	东部	中部	西部
1990	50.533	51.814	49.891	40.840	43.535	42.108	9.694	8.279	7.783
1991	50.736	51.948	49.221	40.667	43.500	41.160	10.069	8.448	8.061
1992	49.753	51.432	51.795	39.130	42.899	44.397	10.623	8.533	7.398
1993	49.050	49.141	52.192	38.364	40.753	44.543	10.686	8.388	7.648
1994	47.878	48.136	53.127	36.973	39.786	45.439	10.905	8.350	7.688
1995	49.714	51.208	49.603	38.585	41.780	40.492	11.129	9.428	9.112
1996	48.624	48.549	49.554	37.248	38.954	39.998	11.376	9.596	9.556
1997	46.606	46.541	48.835	34.948	37.280	39.130	11.658	9.260	9.705
1998	45.540	46.386	48.401	33.637	36.270	38.154	11.903	10.116	10.247
1999	44.943	45.665	49.085	32.601	35.524	38.503	12.342	10.141	10.583
2000	40.412	43.248	46.223	29.668	33.850	36.975	10.744	9.399	9.248
2001	42.443	43.137	46.372	29.920	32.816	36.021	12.523	10.321	10.350

年份	总抚养比			少儿抚养比			老年抚养比		
	东部	中部	西部	东部	中部	西部	东部	中部	西部
2002	39.852	42.354	44.288	27.454	31.401	33.296	12.397	10.954	10.992
2003	39.914	39.797	42.839	26.569	28.876	31.816	13.345	10.921	11.024
2004	37.357	37.856	42.217	24.610	26.809	30.686	12.747	11.047	11.531
2005	36.594	40.348	46.927	23.721	28.055	33.882	12.873	12.294	13.045
2006	34.954	38.699	44.269	22.150	26.356	31.143	12.804	12.342	13.127

数据来源：历年《中国统计年鉴》。

表 8-4 为第六次人口普查各省份抚养负担表，各省份抚养负担也有较大差异。东部沿海发达地区如北京、天津、上海等地少儿抚养负担较轻，但老年抚养负担相对较重，北京的总抚养负担全国最轻，为 20.94%。中部地区的黑龙江、吉林、内蒙古、湖北等地的少儿抚养比均在 20% 以下，除内蒙古外，老年抚养比都超过 10%，安徽省高达 14.20%。西部地区除陕西外，少儿抚养比均在 20% 以上，少儿抚养负担过重，西藏、青海、宁夏、新疆等地老年抚养比相对较低，西藏老年抚养比为全国最低水平 7.22%，其余西部省份老年抚养比较高，重庆、四川高达 16.45%、15.19%。

表 8-4　"六普"数据中各地区抚养比情况

单位:%

地区	少儿抚养比	老年抚养比	总抚养比	地区	少儿抚养比	老年抚养比	总抚养比	地区	少儿抚养比	老年抚养比	总抚养比
北京	10.41	10.54	20.94	山西	22.70	10.06	32.75	重庆	23.85	16.45	40.29
天津	11.99	10.54	22.42	内蒙古	17.96	9.65	27.60	四川	23.54	15.19	38.73

续表

地区	少儿抚养比	老年抚养比	总抚养比	地区	少儿抚养比	老年抚养比	总抚养比	地区	少儿抚养比	老年抚养比	总抚养比
河北	22.46	10.99	33.46	吉林	15.06	10.53	25.59	贵州	38.26	13.19	51.45
辽宁	14.59	13.17	27.76	黑龙江	14.97	10.38	25.35	云南	28.93	10.64	39.57
上海	10.60	12.46	23.06	安徽	24.69	14.20	38.89	西藏	34.55	7.22	41.77
江苏	17.09	14.30	31.39	江西	31.07	10.78	41.86	陕西	19.16	11.11	30.27
浙江	17.05	12.05	29.11	河南	29.73	11.83	41.56	甘肃	24.67	11.18	35.85
福建	20.18	10.30	30.48	湖北	18.07	11.80	29.87	青海	28.75	8.66	37.41
山东	21.15	13.23	34.37	湖南	24.27	13.46	37.72	宁夏	29.62	8.85	38.47
广东	22.11	8.90	31.01	广西	31.44	13.38	44.82	新疆	27.99	8.87	36.86
海南	27.42	11.18	38.60								

数据来源：第六次全国人口普查资料。

第三节　政府储蓄与企业储蓄

一　国民储蓄的构成

国民储蓄主要由居民储蓄、企业储蓄和政府储蓄组成，我们的研究中一直将企业储蓄作为居民储蓄的一部分来处理，并且也没有考虑份额占比比较低的政府储蓄。现实中，预期寿命变动影响的主要是居民储蓄，而企业储蓄与政府储蓄的变动同样也会影响国民储蓄率。在中国统计年鉴中，资金流量表的实物交易项下列出了住户部门、非金融企业部门、金融企业部门和政府部门的储蓄额，这几个组成部分构成了国民总储蓄，我们分析了2000年以来中国国民储蓄各组成部分的情况，见表8-5。

表 8 - 5 国民储蓄各组成部分的情况

单位: 亿元

年份	住户部门	非金融企业部门	金融企业部门	政府部门	国民总储蓄
2000	20684	17153	518	-1347	37007
2001	22429	19327	1254	-1174	41837
2002	24367	21314	1928	746	48354
2003	29617	24339	2867	1911	58736
2004	33290	33247	3076	4184	73796
2005	39951	36988	3101	6175	86215
2006	48851	42687	4303	9196	105038
2007	62226	54208	5285	15292	137010
2008	74256	65451	7106	18792	165605
2009	83718	64171	8406	16913	173208
2010	102363	72069	13207	20760	208399
2011	116816	78990	15179	27048	238034
2012	130815	78876	16855	29892	256438

注: 根据《中国统计年鉴》(2000 ~ 2013 年) 相关数据整理。

为了更清楚地分析国民储蓄中各组成部分占比情况, 我们进一步分别计算了住户部门、企业部门和政府部门储蓄占国民储蓄的比重, 具体见表 8 - 6。我们将金融企业部门和非金融企业部门数据加总构成企业部门。

表 8 - 6 各部门储蓄占国民储蓄的比重

单位:%

年份	住户部门	企业部门	政府部门
2000	55. 89	47. 75	-3. 64

续表

年份	住户部门	企业部门	政府部门
2001	53.61	49.19	-2.81
2002	50.39	48.06	1.54
2003	50.43	46.32	3.25
2004	45.11	49.22	5.67
2005	46.34	46.50	7.16
2006	46.51	44.74	8.76
2007	45.42	43.42	11.16
2008	44.84	43.81	11.35
2009	48.33	41.90	9.76
2010	49.12	40.92	9.96
2011	49.08	39.56	11.36
2012	51.01	37.33	11.66

注：根据《中国统计年鉴》（2000~2013）中数据整理计算。

表8-6中的数据显示，住户部门的比重基本稳定，与2000年水平相比，总体出现小幅下降。2000年住户部门储蓄占国民储蓄比重为55.89%，2012年时为51.01%，下降了4.88个百分点。企业部门储蓄总体上有所下降，2000年企业部门储蓄占比为47.75%，2004年最高达到49.22%，但从2005年开始企业部门储蓄占比一直不断降低，2012年企业部门储蓄占比为37.33%。在三个组成部分中，政府部门储蓄上升明显，2000年政府部门储蓄为负值，占比为-3.64%，2012年政府部门储蓄占比已提高至11.66%。

二　各部门的平均储蓄率

我们进一步计算了各部门的平均储蓄率，结合各部门收入占比的变动情况，可以分析各部门收入变动对国民储蓄率的影响。平均储蓄率的计算方法为，利用各部门储蓄额除以各部门可支配收入。测算结果见表8-7。

表8-7　各部门可支配收入占比及平均储蓄率

单位:%

年份	平均储蓄率				可支配收入占比			
	住户部门	非金融企业部门	金融企业部门	政府部门	住户部门	非金融企业部门	金融企业部门	政府部门
2000	31.43	100	100	-1.33	35.62	9.28	0.28	54.82
2001	31.48	100	100	-1.30	39.14	10.62	0.69	49.55
2002	31.73	100	100	1.01	44.10	12.24	1.11	42.56
2003	34.24	100	100	3.05	49.07	13.80	1.63	35.51
2004	34.15	100	100	6.91	50.16	17.11	1.58	31.15
2005	35.51	100	100	12.06	55.21	18.15	1.52	25.12
2006	37.26	100	100	23.15	60.19	19.60	1.98	18.24
2007	39.18	100	100	29.87	58.93	20.12	1.96	19.00
2008	40.05	100	100	31.04	58.21	20.55	2.23	19.01
2009	40.53	100	100	27.02	60.44	18.78	2.46	18.32
2010	42.32	100	100	28.01	60.28	17.96	3.29	18.47
2011	41.09	100	100	29.99	60.66	16.85	3.24	19.25
2012	40.95	100	100	29.51	61.85	15.27	3.26	19.61

注：根据《中国统计年鉴》（2000～2013）中数据整理计算。

由于企业没有消费，全部收入均记为储蓄，因此储蓄率为100%。从表8-7中的数据来看，住户部门收入占比有所提高，从2000年35.62%的占比提高至2012年的61.85%，同时，住户部门平均储蓄率也有明显提高，从2000年的31.43%提高至2012年的40.95%，提高了9.52个百分点。住户部门收入占比提高的同时，平均消费倾向有所下降，这会在一定程度上提高国民储蓄率水平。政府部门收入占比出现了大幅下降，从2000年的54.82%下降至2012年的19.61%，并且从2006年起基本稳定在19%左右，与此同时，政府部门的平均储蓄率也出现了明显提高，从2000年负的储蓄率提高为基本稳定在29%左右的水平，由于近年来政府部门收入占比和平均储蓄率都相对稳定，因此，近年来政府储蓄对国民储蓄率影响不大，但同2000年相比，政府储蓄在一定程度上也提高了国民储蓄率水平。企业收入占比呈现先上升后下降的趋势，2012年企业收入占比为18.53%，比2000年增加了约9个百分点，但从2009年以来一直处于小幅下降趋势。综上所述，不同部门之间储蓄率存在明显差异，企业部门储蓄率最高，住户部门储蓄率次之，政府部门储蓄率最低，各部门收入份额的变动，也会对国民储蓄率水平产生影响。

第四节　本章小结

本章分析了影响中国国民储蓄率的其他原因，主要涉及了预防性储蓄、人口结构变动和国民储蓄结构，主要得出以下研究结论。

第一，利用中国家庭收入项目调查（Chinese Household Income Project）中针对中国家庭收入、消费等微观数据，我们对中国家庭的预防性储蓄动机进行了检验。利用滞后一期的收入增长率、利率和不确定性作为工具变量，广义矩方法估计结果显示，不确定性的系数显著为正，证明中国家庭存在一定程度的预防性储蓄动机，在一定程度上提高了中国国民储蓄率水平。

第二，中国人口结构大致经过了三个发展阶段，从高少儿抚养比过渡到高劳动年龄人口比再过渡到高老年抚养比。少儿抚养比的大幅下降引起了国民储蓄率的提高，而老年抚养比的下降则降低了国民储蓄率水平，中国人口结构依然处于变动之中，特别是老年人口比重还在快速提高，人口结构的变动将会继续对中国国民储蓄率水平产生显著影响。

第三，国民储蓄主要由住户部门、企业部门和政府部门储蓄组成，近年来，住户部门储蓄占比相对稳定，而企业部门储蓄占比出现下降，同时政府部门储蓄占比有所提高。各部门平均储蓄率不同，住户部门平均储蓄率近年稳定在40%左右，政府部门平均储蓄率有所提高，目前在30%左右，企业部门平均储蓄率为100%。不同部门之间收入份额占比的变动，也会影响国民储蓄率水平。

第九章　主要结论与政策建议

第一节　主要结论

一　出生时预期寿命延长具有提高国民储蓄率的效应

1950 年以来，世界各国人口出生时预期寿命呈现普遍延长的趋势。1950～1955 年全球平均出生时预期寿命仅为 46.91 岁，预期寿命低于 40 岁的国家中总人口占全球人口比例为 27%，预期寿命高于 60 岁的国家中总人口占比不到 29%；2005～2010 年，全球平均出生时预期寿命已经提高至 68.72 岁；2010～2015 年全球平均出生时预期寿命继续提高至 70 岁，出生时预期寿命高于 70 岁的国家中总人口占比已经超过 66%，预期寿命不到 60 岁的国家人口占比仅为 9%。高收入组国家和地区平均出生时预期寿命从 66.25 岁提高至 77.46 岁，中高收入组国家和地区平均出生时预期寿命从 56.88 岁提高至 71.23 岁，中低收入组国家和地区平均出生时预期寿命从 49.72 岁提高至 64.89 岁，低收入组国家和地区平均出生时预期寿命从 40.98 岁提高至 56.95 岁。

利用 178 个国家 1980~2010 年的面板数据，我们对出生时预期寿命给国民储蓄率带来的影响效应进行了实证分析，固定效应方法和广义矩方法估计结果显示，出生时预期寿命的系数均显著为正值，出生时预期寿命的延长具有提高国民储蓄率的效应。我们对中国预期寿命延长的国民储蓄率效应也进行了分析，研究结果与基于跨国面板数据得出的结论基本一致，预期寿命延长显著提高了中国的国民储蓄率水平。

二　分段预期寿命的定义、计算方法及对国民储蓄率的影响

预期寿命本身是一个数学期望值。假设一个 x 岁的人未来生存时长为连续型随机变量 T_x，x 岁开始的预期寿命即为随机变量 T_x 的数学期望值，按照连续型随机变量数学期望的计算方法，x 岁开始的预期寿命为 $e_x = E[T_x] = \int_0^{\omega-x} t \cdot f_x(t) \cdot dt = \int_0^{\omega-x} s_x(t) \cdot dt$。可以进一步将某一时点上的分段预期寿命定义为生命中各时段的生存年数在该点上的精算现值。例如，可以将 x 岁开始的预期寿命分成两段，分别为 x 岁至 $x+a$ 岁之间的分段预期寿命和 $x+a$ 岁至最大寿命 ω 岁之间的分段预期寿命。其中，$e_{x \sim x+a} = \int_0^a s_x(t) \cdot dt$，我们将之定义为 x 岁至 $x+a$ 岁之间的分段预期寿命；$e_{x+a \sim \omega} = s_a(x)\int_0^{\omega-a-x} s_{x+a}(t) \cdot dt$ 为 $x+a$ 岁开始的预期寿命折算至 x 岁的精算现值，我们将之定义为 $x+a$ 岁至最大寿命 ω 岁之间的分段预期寿命。

1960 年以来，全球工作期分段预期寿命总体呈现逐步提高的趋势，1960~1965 年全球平均工作期分段预期寿命为 39.34 岁，

2005~2010 年已经提高至 42.43 岁。全球不同收入水平的国家和地区分段预期寿命变动情况大致显示出以下规律。一是高收入国家和地区组 15 岁开始的预期寿命提高表现为老年期分段预期寿命延长主导模式，老年期分段预期寿命延长趋势明显，而工作期分段预期寿命已经基本稳定。二是低收入国家和地区组 15 岁开始的预期寿命提高表现为工作期分段预期寿命与老年期分段预期寿命共同主导模式，工作期分段预期寿命与老年期分段预期寿命均有明显提高。三是随着工作期分段预期寿命与老年期分段预期寿命的同步提高，工作期分段预期寿命在高收入国家和地区组与其他组别之间的差距正在缩小，而老年期分段预期寿命的差距却在扩大。四是全球分段预期寿命变动模式有向老年期分段预期寿命延长的趋势。

我们整理了全球 218 个国家和地区分段预期寿命、人口结构、经济增长率等 30 年的数据形成面板数据，利用固定效应方法和动态面板数据方法，通过将分段预期寿命引入基于生命周期假说的线性模型，对分段预期寿命的储蓄效应进行实证分析。分析结果表明，工作期分段预期寿命的延长会降低国民储蓄率水平，而老年期分段预期寿命的延长则会提高国民储蓄率水平，随着全球预期寿命延长模式从工作期分段预期寿命与老年期分段预期寿命延长共同主导模式向老年期分段预期寿命延长单独主导模式的转变，预期寿命延长提高国民储蓄率的效应将会更加明显。

三 分段预期寿命与经济增长对国民储蓄率具有不同的交互影响效应

通过将生存概率引入生命周期理论分析框架，在放松生存函数指数分布的条件下，我们对个人实现一生效用最大化的消费路径进行了分析，研究发现个体期初消费占收入的比重与期初收入无关，消费将按照利率与时间偏好之差的速率增长。进一步，我们将个人储蓄加总得到总储蓄率方程。研究发现，总储蓄率方程中经济增长率的系数受到分段预期寿命的影响，分段预期寿命与经济增长率的交互项影响总储蓄率水平，其中，老年期分段预期寿命与经济增长率交互项的系数大于工作期分段预期寿命与经济增长率交互项的系数。

利用全球218个国家和地区30年的面板数据，利用固定效应方法和动态面板数据方法，我们对理论分析结论进行实证检验，估计结果显示，老年期分段预期寿命与经济增长率交互项的系数为正，工作期分段预期寿命与经济增长率交互项的系数为负，实证分析结果较好地支持了理论分析结论。根据我们的研究结果，老年期分段预期寿命的延长会提高国民储蓄率水平，工作期分段预期寿命的延长会降低国民储蓄率水平，但分段预期寿命对国民储蓄率影响效应的大小则取决于经济增长率，经济增长越高，分段预期寿命对国民储蓄率的影响效应越大。同时，研究结论也说明，总储蓄率方程中经济增长率的系数是可变的，分段预期寿命的变动将影响经济增长率的储蓄效应，老年期分段预期寿命的延长会提高经济增长的储蓄效应，而工作期分段预期寿命的延长则会降低经济增长的储蓄效应。

四　预防性储蓄动机、人口结构变动和国民储蓄结构对中国国民储蓄率具有影响

我们分析了预防性储蓄动机、人口结构变动和国民储蓄结构

对中国国民储蓄率的影响。研究发现中国家庭存在一定的预防性储蓄动机，预防性储蓄也可能是中国国民储蓄率提高的原因之一。从人口结构来看，中国少儿抚养比快速下降至较低水平，同时老年抚养比快速上升，人口结构的变动也在一定程度上影响了国民储蓄率水平。从国民储蓄结构来看，国民储蓄主要由住户部门、企业部门和政府部门储蓄组成，近年来，住户部门储蓄占比相对稳定，而企业部门储蓄占比出现下降，同时政府部门储蓄占比有所提高，各部门储蓄率不同，住户部门平均储蓄率近年稳定在40%左右，政府部门平均储蓄率有所提高，目前在30%左右，企业部门储蓄率为100%，不同部门之间收入份额占比的变动，也影响了中国的国民储蓄率水平。

第二节 政策建议

近年来，中国高储蓄、低消费的模式对中国经济的持续稳定发展产生了一定的制约，基于促进消费使中国国民储蓄率向适度水平转变的角度，本书提出以下政策建议。

一 实施延迟退休政策调整个体一生资源配置

在预期寿命延长条件下，个人储蓄率为了在更长的生命期跨度，特别是更长的老年期时间跨度上进行消费和储蓄决策，为了实现一生效用最大化选择降低消费率提高储蓄率，进而引起经济中总储蓄率的上升。老年期分段预期寿命延长对国民储蓄率的正向影响和工作期分段预期寿命延长对国民储蓄率的负面影响，正是前述逻辑的经验事实体现。从这个角度分析，在其他条件不变时，通过调整个体对工作期分段预期寿命与老年期分段预期寿命的预期值，可以在一定程度上抵消预期寿命延长的储蓄效应。具体来看，在预期寿命延长条件下，如果通过政策调整将工作期时间跨度加大，将退休期延后，则可以提高个人对工作期分段预期寿命的预期，并降低个人对老年期分段预期寿命的预期，进而可以降低预期寿命延长对国民储蓄率的提高效应。延迟退休政策的实施可以有效提高个体工作期分段预期寿命，并降低老年期分段预期寿命，原因是延迟退休政策将退休开始年龄延后，按照分段预期寿命的计算公式，$e_{x \sim x+a} = \int_0^a s_x(t) \cdot dt$ 和 $e_{x+a \sim \omega} = \int_{x+a}^{\omega} s_x(t) \cdot dt = s_a(x) \int_0^{\omega-a-x} s_{x+a}(t) \cdot dt$，延迟退休政策相当于提高 a 值，在其他条件不变时，工作期分段预期寿命延长，老年期分段预期寿命降低。

　　基于研究结果，我们提出以下政策建议。第一，延迟退休政策要有与缴费年限相关联的养老金计发激励安排，同时避免非正常提前退休情况，以激励个人选择延迟退休。从发达国家经验来看，延迟退休政策可以以个人自主选择的弹性退休模式出现，同时，提前退休现象都有不同程度的存在，如果不能激励个人选择延迟退休，又不能有效解决提前退休现象，则延迟退休的效果要大打折扣。因此，延迟退休政策的实施，应该辅以养老金激励机制，使延迟退休的个人可以获得更大的经济收益，同时，还要通过强化管理控制和避免提前退休现象，以使延迟退休真正发挥出调整个体分段预期寿命的功能。第二，延迟退休的时机应在平衡劳动力供求和养老金收支的基础上审慎选择。延退进行得越早，越有利于缓解养老保险基金的支付压力，但是也会增加劳动力的供给，对就业产生一定影响，改革时机的选择应注意平衡延迟退休与劳动力市场之间的关系，2021～2026年为实施延迟退休较为合理的起始点。第三，延迟退休的步骤应在平衡民众适应能力和养老金收支的基础上渐进进行。未来延退的步骤与进度，应在坚持循序渐进原则的基础上，尽可能地在民众的适应能力与财务平衡目标的达成中寻找一个平衡点。第四，延迟退休应以实现男女65岁同龄退休为目标。考虑到实现男女就业和发展权利的平等，当前应优先推迟女性的退休年龄，尤其是女工人的退休年龄，进而实现男女的同龄退休。参照国外的自我赡养率，考虑到未来人均受教育水平的提高、初始劳动年龄的延后和预期寿命的延长，延退的目标退休年龄应逐步延后，最终在2050年将65岁作为法定退休年龄。

二　完善社会保障制度降低预防性储蓄动机

目前中国家庭存在一定的预防性储蓄动机，进一步提高了中国国民储蓄率水平。预防性储蓄的产生是多方面的，其中，社会保障制度不完善引起个人为了应对风险而提高储蓄水平，是其中的一个重要的原因。改革开放以来，中国社会保障体系不断完善，社会保障项目显著增加，覆盖人群逐步广泛，保障水平明显提高，但是，社会保障制度发展也存在一些问题，例如，社会保障覆盖率有待提高，社会保障水平相对较低，城乡社会保障发展不均衡等。社会保障制度的发展可以提高个人应对风险的能力，进而降低个人预防性储蓄动机和国民储蓄率水平。

为此我们提出以下政策建议。第一，进一步提高社会保障水平。社会保障水平可以用社会保障总支出占 GDP 的比例来衡量，目前，中国社会保障水平低于发达国家水平，随着中国经济社会的发展，中国社会保障支出应该逐步提升至适度区间，以提高社会保障项目的保障水平。但社会保障水平不能过高，过高的社会保障水平可能对经济增长带来负面影响，社会保障水平的适度增长是中国社会保障制度发展的基本要求。第二，提高社会保障覆盖率与遵缴率。目前，尽管社会保障制度名义覆盖率逐步提高，基本上已覆盖全部人口，但由于企业逃缴、个人意识、管理不严等各类原因，部分群体尚未参保，特别是一些流动性较强的农民工群体以及灵活就业人员的参保率有待提高。实现社会保障制度实际覆盖率与名义覆盖率的一致，才可以更有效地发挥社会保障功能，通过社会保障制度提高个人应对风险能力。第三，实现城乡社会保障制度均衡发展。近期随着新农保制度和新农合制度的建立与发展，农村社会保障制度有了飞跃性的发展，广大农民群体逐步被全部纳入社会保障项目，但是，与城镇社会保障制度发展相比，农村社会保障制度水平较低，保障功能不强，管理水平也有待提高。在经济社会发展的背景下，实现城乡社会保障制度的均衡发展，逐步实现城乡社会保障制度的统一，是未来中国社会保障制度的基本目标。

三　调整生育政策

中国的计划生育政策使少儿抚养比快速下降，中国用 30 年左右的时间完成了发达国家百年左右的人口转变过程。少儿抚养比的下降，使家庭消费降低，提高了国民储蓄率水平。同时，少儿抚养比的快速下降，也造成人口红利期较短，目前劳动力增长速度明显放缓，对中国经济增长的持续性也提出了挑战。

　　为此我们提出以下政策建议。第一，适时实行普遍允许二孩政策。目前中国已经实施单独家庭二孩政策，但从实际数据反馈来看，该政策实际效果并不是很明显。随着长期以来计划生育政策的实施，家庭生育意愿已经下降，而且，在计划生育政策下，每个孩子的教育成本、抚养成本等都已经上升，造成二孩抚养的成本较高，适时实行普遍允许二孩政策可以比目前单独二孩政策对生育率具有更显著的影响。第二，教育等配套制度改革。计划生育政策的实施，使得各个家庭对孩子的抚养方式由"粗养"向"精养"转变，每个家庭对孩子的教育成本投入巨大，同时在目前的升学体制下，家庭为孩子教育投入的成本较高，这在一定程度上降低了家庭二孩生育动机。改革目前教育体制以及其他配套制度，降低孩子的抚养成本，可以有效地提高家庭生育动机。第三，提高政策的稳定性，确定生育政策调整的持续性，消除民众害怕因适当推迟生育而丢失生二孩机会的顾虑，以利于二孩政策平稳过渡。

四　调整国民收入分配结构

　　住户部门、企业部门和政府部门具有不同的储蓄倾向，按照国民收入核算方法，企业的储蓄率最高，为100%，住户的储蓄率在40%左右，而政府的储蓄倾向有提高的趋势。目前，与发达国家相比，中国住户部门收入占比相对较低，这也直接体现在中国较低的劳动要素分配比例。国民收入在不同部门之间分配份额的变动，会影响中国的国民储蓄率水平。

为此我们提出以下政策建议。第一，提高个人劳动收入水平。目前中国国民收入分配比例的一个显著特征是劳动要素分配系数较低，目前中国投资驱动经济增长方式、产业结构、工资议价机制不健全、金融体制不完善等是该问题的成因。随着中国经济的发展，通过逐步提高个人劳动收入水平，是提高劳动要素分配比例的关键，这也是保持中国经济增长持续性的关键。第二，降低政府收入比例和储蓄倾向。目前政府储蓄倾向上升明显，这可能与政府收入快速提高有关联，在中国经济快速增长的背景下，提高企业收入份额和居民收入份额，实现还富于民，既是中国社会经济转型的要求，也会对降低国民储蓄率水平产生一定影响。第三，完善企业特别是大型国企国有股分红机制。长期以来，国有企业利润多数用于企业再投资，而国有企业股权分红较低，这也是目前中国总储蓄水平较高的原因之一。随着国有企业改革的不断推进，建立科学完善的企业分红机制，让国有企业利润惠及全民，可以改善国民收入分配结构，对国民储蓄率水平也将具有一定的影响效应。

参考文献

1. 艾春荣等：《习惯偏好下的中国居民消费的过度敏感性——基于1995～2005年省际动态面板数据的分析》，《数量经济技术经济研究》2008年第11期。

2. 艾春荣等：《中国居民储蓄率的变化及其原因分析》，《湖北经济学院学报》2008年第6期。

3. 白重恩等：《中国养老保险缴费对消费和储蓄的影响》，《中国社会科学》2012年第8期。

4. 包群等：《关于我国储蓄——投资转化率偏低的实证分析》，《经济科学》2004年第3期。

5. 〔美〕保罗·舒尔茨：《人口结构和储蓄：亚洲的经验证据及其对中国的意义》，《经济学》（季刊）2005年第4期。

6. 蔡兴等：《人口因素与东亚贸易顺差——基于人口年龄结构、预期寿命和性别比率等人口因素的实证研究》，《中国软科学》2013年第9期。

7. 陈斌开等：《户籍制约下的居民消费》，《经济研究》2010年第S1期。

8. 陈斌开：《收入分配与中国居民消费——理论和基于中国的实证研究》，《南开经济研究》2012 年第 1 期。

9. 陈冲：《政府公共支出对居民消费需求影响的动态演化》，《统计研究》2011 年第 5 期。

10. 陈东等：《农村信贷对农村居民消费的影响——基于状态空间模型和中介效应检验的长期动态分析》，《金融研究》2013 年第 6 期。

11. 陈鹤等：《中国老年人带残预期寿命及疾病影响的城乡差异分析》，《人口学刊》2013 年第 4 期。

12. 陈利平：《高增长导致高储蓄：一个基于消费攀比的解释》，《世界经济》2005 年第 11 期。

13. 陈卫：《中国人口的流动预期寿命》，《人口学刊》2013 年第 6 期。

14. 陈学彬等：《货币政策效应的微观基础研究——我国居民消费储蓄行为的实证分析》，《复旦学报》（社会科学版）2005 年第 1 期。

15. 程令国等：《早年的饥荒经历影响了人们的储蓄行为吗？——对我国居民高储蓄率的一个新解释》，《经济研究》2011 年第 8 期。

16. 程硕等：《我国 2000～2010 年平均寿命变化特征的分析》，《中央民族大学学报》（自然科学版）2013 年第 S1 期。

17. 崔玉婕：《中国居民消费率和储蓄率关系研究》，硕士学位论文，东北农业大学经济学系，2013。

18. 邓翔等：《中国城镇居民预防性储蓄成因分析》，《南开经济研究》2009 年第 2 期。

19. 董丽霞等：《人口结构与储蓄率：基于内生人口结构的研究》，《金融研究》2011 第 3 期。

20. 董青马等：《中国高储蓄率是超额货币供给的原因吗？——基于 1992～2007 年国家资金流量表的分析》，《经济体制改革》2011 年第 3 期。

21. 董志勇等：《家庭结构、生产活动与农户储蓄行为》，《经济科学》2011 年第 6 期。

22. 杜鹏等：《1994～2004 年中国老年人的生活自理预期寿命及其变化》，《人口研究》2006 年第 5 期。

23. 杜宇玮等：《预防性储蓄动机强度的时序变化及影响因素差异——基于 1979～2009 年中国城乡居民的实证研究》，《经济科学》2011 年第 1 期。

24. 段白鸽：《我国全年龄段人口平均预期寿命的动态演变》，《人口与经济》2015 年第 1 期。

25. 范叙春等：《预期寿命增长、年龄结构改变与我国国民储蓄率》，《人口研究》2012 年第 4 期。

26. 方福前等：《城乡居民不同收入的边际消费倾向及变动趋势分析》，《财贸经济》2011 年第 4 期。

27. 方福前：《中国居民消费需求不足原因研究——基于中国城乡分省数据》，《中国社会科学》2009 年第 2 期。

28. 方匡南等：《社会保障对城乡家庭消费的影响研究》，《统计研究》2013 年第 3 期。

29. 方松海等：《增加农民收入与扩大农村消费研究》，《管理世界》2011 年第 5 期。

30. 冯怀珠：《我国人口预期寿命分析与预测》，《西北人口》2006 年第 3 期。

31. 冯忠蕙等：《人口平均预期寿命变化的度量》，《中国卫生统计》1994 年第 2 期。

32. 付波航等：《城镇化、人口年龄结构与居民消费——基于省际动态面板的实证研究》，《中国人口、资源与环境》2013 年第 11 期。

33. 高梦滔等：《持久收入与农户储蓄：基于八省微观面板数据的经验研究》，《数量经济技术经济研究》2008 年第 4 期。

34. 高梦滔：《新型农村合作医疗与农户储蓄：基于 8 省微观面板数据的经验研究》，《世界经济》2010 年第 4 期。

35. 巩师恩等：《收入不平等、信贷供给与消费波动》，《经济研究》2012 年第 S1 期。

36. 苟晓霞：《"人均预期寿命提高 1 岁"的实证研究》，《人口与经济》2012 年第 3 期。

37. 苟晓霞：《解读人均预期寿命》，《中国统计》2012 年第 12 期。

38. 苟晓霞：《世界各国预期寿命差异及影响因素定量分析》，《人口与社会》2013 年第 3 期。

39. 苟晓霞：《提高我国人口平均预期寿命的路径分析》，《南京人口管理干部学院学报》2012 年第 2 期。

40. 苟晓霞：《我国年龄组平均预期寿命变动的实证研究》，《人口学刊》2011 年第 4 期。

41. 苟晓霞：《我国平均预期寿命变动的实证分析》，《统计与决策》2011年第22期。

42. 谷琳：《我国老年人日常生活自理健康预期寿命的差异性分析》，《市场与人口分析》2006年第5期。

43. 顾大男等：《中国高龄老人健康预期寿命研究》，《人口与经济》2002年第2期。

44. 顾薪宜：《中国居民储蓄影响因素分析》，博士学位论文，东北农业大学，2013。

45. 桂又华等：《农村居民储蓄模型实证研究》，《金融研究》2006年第5期。

46. 郭未等：《社会性别视角下的中国老年人口不健康预期寿命及代际支持》，《南京农业大学学报》（社会科学版）2013年第6期。

47. 郭未等：《中国老年人口的自理预期寿命变动——二元结构下的城乡差异分析》，《人口与发展》2013年第1期。

48. 郭新强等：《刚性储蓄、货币政策与中国居民消费动态》，《金融研究》2013年第2期。

49. 郭子宏等：《云南省分民族死亡率与人口平均预期寿命的分析》，《中国人口科学》2001年第2期。

50. 韩立岩等：《城镇家庭消费金融效应的地区差异研究》，《经济研究》2011年第S1期。

51. 韩立岩等：《收入差距、借贷水平与居民消费的地区及城乡差异》，《经济研究》2012年第S1期。

52. 郝虹生：《中国人口死亡率的性别差异研究》，《中国人口科学》1995年第2期。

53. 何帆等：《中国三部门储蓄与投资相关性的经验分析》，《财经问题研究》2007 年第 11 期。

54. 何帆等：《中国国内储蓄、投资和贸易顺差的未来演进趋势》，《财贸经济》2007 年第 5 期。

55. 何立新等：《养老保险改革对家庭储蓄率的影响：中国的经验证据》，《经济研究》2008 年第 10 期。

56. 何平等：《家庭欲望、脆弱性与收入—消费关系研究》，《经济研究》2010 年第 10 期。

57. 何兴强等：《健康风险与城镇居民家庭消费》，《经济研究》2014 年第 5 期。

58. 何媛：《中国消费模式演变研究——以科学发展观为视角》，博士学位论文，复旦大学马克思主义学院，2012。

59. 洪银兴：《消费需求、消费力、消费经济和经济增长》，《中国经济问题》2013 年第 1 期。

60. 胡鞍钢等：《中国绿色储蓄率核算：1978~2010》，《中国软科学》2013 年第 8 期。

61. 胡翠等：《人口老龄化对储蓄率影响的实证研究——来自中国家庭的数据》，《经济学》（季刊）2014 年第 4 期。

62. 胡德宝：《中国城镇居民的消费行为及储蓄动机研究》，《中国软科学》2012 年第 10 期。

63. 胡雅梅：《中国居民消费倾向问题研究》，博士学位论文，中共中央党校经济学教研部，2013。

64. 胡英：《中国分城镇乡村人口平均预期寿命探析》，《人口与发展》2010 年第 2 期。

65. 胡永刚等：《内生增长、政府生产性支出与中国居民消费》，《经济研究》2012 年第 9 期。

66. 黄荣清等：《人口死亡水平的国际比较》，《人口学刊》2004 年第 6 期。

67. 黄荣清：《20 世纪 90 年代中国人口死亡水平》，《中国人口科学》2005 年第 3 期。

68. 黄学军等：《社会医疗保险对预防性储蓄的挤出效应研究》，《世界经济》2006 年第 8 期。

69. 贾颖：《转型时期中国居民消费分析及宏观政策研究》，博士学位论文，财经部财政科学研究所，2012。

70. 江涛：《婚姻推迟与性别比上升的经济分析——一个对储蓄率上升和增长的解释》，博士学位论文，西北大学经济管理学院，2013。

71. 姜百臣等：《社会保障对农村居民消费行为的影响机制分析》，《中国农村经济》2010 年第 11 期。

72. 姜向群等：《对我国当前推迟退休年龄之说的质疑》，《人口研究》2004 年第 5 期。

73. 蒋云赟：《我国人口结构变动对国民储蓄的影响的代际分析》，《经济科学》2009 年第 1 期。

74. 蒋云赟：《我国养老保险对国民储蓄挤出效应实证研究——代际核算体系模拟测算的视角》，《财经研究》2010 年第 3 期。

75. 金铃：《转型时期农户的预防性储蓄行为研究——基于浙江省的证据》，博士学位论文，浙江大学管理学院，2012。

76. 雷潇雨等：《城镇化对于居民消费率的影响：理论模型与实证

分析》，《经济研究》2014 年第 6 期。

77. 雷震等：《预防性储蓄的重要性研究：基于中国的经验分析》，《世界经济》2013 年第 6 期。

78. 李栋文：《我国储蓄转化投资问题研究》，《金融研究》2001 年第 9 期。

79. 李恩平：《利率参照与储蓄的动员、分配——一个两经济部门、二元金融市场的分析框架》，《金融研究》2002 年第 3 期。

80. 李广元：《生命表法与平均预期寿命计算公式的关系》，《人口研究》1982 年第 6 期。

81. 李宏：《社会保障对居民储蓄影响的理论与实证分析》，《经济学家》2010 年第 6 期。

82. 李宏彬等：《中国居民退休前后的消费行为研究》，《经济学》（季刊）2015 年第 1 期。

83. 李军等：《中国家庭储蓄率决定机制的数理分析与实证检验——对中国高储蓄率之谜的一种解释》，《学术研究》2014 年第 10 期。

84. 李军等：《国民储蓄率的决定机制与中国储蓄之谜分析》，《数量经济技术经济研究》2012 年第 8 期。

85. 李力行等：《健康、教育和经济增长：理论及跨国证据》，《南开经济研究》2011 年第 1 期。

86. 李强等：《多状态生命表法在老年人健康预期寿命研究中的应用》，《中国人口科学》2002 年第 6 期。

87. 李涛等：《家庭固定资产、财富效应与居民消费：来自中国城镇家庭的经验证据》，《经济研究》2014 年第 3 期。

88. 李文星等：《中国人口年龄结构和居民消费：1989～2004》，《经济研究》2008 年第 7 期。

89. 李希如：《我国及各地区的婴儿死亡率与人口平均预期寿命 (1990)》，《人口与发展》1995 年第 3 期。

90. 李燕桥：《消费信贷与中国城镇居民消费行为分析》，博士学位论文，山东大学经济学院，2012。

91. 李扬等：《中国高储蓄率问题探究——1992～2003 年中国资金流量表的分析》，《经济研究》2007 年第 6 期。

92. 李永友等：《财政政策与城乡居民边际消费倾向》，《中国社会科学》2012 年第 12 期。

93. 李勇辉等：《我国城镇居民预防性储蓄行为与支出的不确定性关系》，《管理世界》2005 年第 5 期。

94. 李在军等：《中国区域消费与经济、人口重心演变的时间多尺度研究》，《经济地理》2014 年第 1 期。

95. 李志生等：《Lee-Carter 死亡率模型的估计与应用——基于中国人口数据的分析》，《中国人口科学》2010 年第 3 期。

96. 梁秋生：《平均预期寿命的真实涵义及其功能缺陷》，《中国统计》2003 年第 9 期。

97. 梁玉成：《市场转型过程中的国家与市场——一项基于劳动力退休年龄的考察》，《中国社会科学》2007 年第 5 期。

98. 林文芳：《县域城乡居民消费结构与收入关系分析》，《统计研究》2011 年第 4 期。

99. 凌晨等：《中国城乡居民预防性储蓄研究：理论与实证》，《管理世界》2012 年第 11 期。

100. 刘春义：《我国居民消费周期性波动问题研究》，博士学位论文，首都经济贸易大学经济学院，2013。

101. 刘隆健：《影响中国人口平均预期寿命的社会因素模式》，《中国卫生统计》1990 年第 1 期。

102. 刘生龙等：《预期寿命与中国家庭储蓄》，《经济研究》2012 年第 8 期。

103. 刘雯等：《老龄化背景下我国城镇居民储蓄行为研究》，《统计研究》2013 年第 12 期。

104. 刘羽帆等：《人均预期寿命背景下延迟退休的决策依据探讨》，《开发研究》2015 年第 1 期。

105. 刘兆博等：《基于微观面板数据的中国农民预防性储蓄研究》，《世界经济》2007 年第 2 期。

106. 刘正恺：《中国死亡率与预期寿命不平等：现象及原因》，博士学位论文，西南财经大学经济学院，2013。

107. 龙志和等：《中国城镇居民预防性储蓄实证研究》，《经济研究》2000 年第 11 期。

108. 吕冰洋等：《高投资、低消费的财政基础》，《经济研究》2014 年第 5 期。

109. 马磊等：《中国平均预期寿命的影响因素分析》，《经济研究导刊》2009 年第 1 期。

110. 马淑鸾：《影响预期寿命因素分析》，《人口研究》1989 年第 3 期。

111. 毛毅：《老龄化对储蓄和社会养老保障的影响研究》，《人口与经济》2012 年第 3 期。

112. 毛中根等：《中国人口年龄结构与居民消费关系的比较分析》，《人口研究》2013 年第 3 期。

113. 孟令国等：《二次人口红利视角下国民储蓄率影响因素分析》，《经济科学》2013 年第 5 期。

114. 明艳等：《我国人口预期寿命的影响因素分析》，《学理论》2010 年第 4 期。

115. 明艳：《我国人口健康水平区域间差异性与区域内不平衡性的聚类分析》，《人口研究》2009 年第 6 期。

116. 明艳：《我国婴儿死亡率的变动趋势及区域差异研究》，《人口研究》2009 年第 5 期。

117. 牟晓伟：《日本储蓄率变动及其影响研究》，博士学位论文，吉林大学经济学院，2012。

118. 农村消费问题研究课题组：《关于农村消费的现状及政策建议》，《财贸经济》2007 年第 2 期。

119. 潘文轩：《我国城乡居民消费行为的差异性及其政策含义》，《统计研究》2010 年第 8 期。

120. 彭非等：《两种平均预期寿命差异分解模型的比较研究》，《人口研究》2011 年第 3 期。

121. 蒲晓红：《养老保险的储蓄效应》，《当代经济研究》2003 年第 11 期。

122. 濮德敏等：《河北省女性人口平均预期寿命变化的度量分析》，《数理统计与管理》1996 年第 6 期。

123. 祁鼎等：《中国人口年龄结构对消费的影响研究》，《审计与经济研究》2012 年第 4 期。

124. 钱建明等：《预期寿命影响因素分析法——通径分析》，《中国卫生统计》1990 年第 3 期。

125. 乔晓春：《分年龄死亡率和预期寿命》，《人口研究》1985 年第 5 期。

126. 秦朵：《居民储蓄——准货币之主源》，《经济学》（季刊）2002 年第 1 期。

127. 任若恩等：《中美两国可比居民储蓄率的计量：1992～2001》，《经济研究》2006 年第 3 期。

128. 邵国栋：《基于生命周期理论的延迟退休年龄合理性研究》，博士学位论文，中国人民大学经济学院，2008。

129. 沈坤荣等：《是何因素制约着中国居民消费》，《经济学家》2012 年第 1 期。

130. 沈坤荣等：《不确定性与中国城镇居民储蓄率的实证研究》，《金融研究》2012 年第 3 期。

131. 沈坤荣等：《中国城镇居民储蓄率的影响因素：1997～2008——基于省级动态面板数据的实证研究》，《上海经济研究》2011 年第 9 期。

132. 施建淮等：《中国城市居民预防性储蓄及预防性动机强度：1999～2003》，《经济研究》2004 年第 10 期。

133. 石贝贝等：《人口发展变化对区域消费影响的实证研究——基于中国省级区域的数据》，《人口研究》2014 年第 1 期。

134. 石阳等：《现收现付制养老保险对储蓄的影响——基于中国面板数据的实证研究》，《数量经济技术经济研究》2010 年第 3 期。

135. 史清华等：《农村居民的储蓄与借贷行为——基于晋鄂豫苏吉5省3年的调查》，《学习与实践》2007年第6期。

136. 史晓丹：《我国人口老龄化趋势对储蓄率的影响研究》，《南方经济》2013年第7期。

137. 舒星宇等：《对我国人口平均预期寿命的间接估算及评价——基于第六次全国人口普查数据》，《人口学刊》2014年第5期。

138. 宋洪远等：《使用人类发展指数对中国城乡差距的一种估计》，《经济研究》2004年第11期。

139. 苏春红等：《老龄化的储蓄效应分析》，《山东大学学报》（哲学社会科学版）2009年第3期。

140. 苏基溶等：《中国城镇居民储蓄的影响因素研究：基于三类储蓄动机的实证分析》，《经济评论》2010年第1期。

141. 孙晶：《我国居民储蓄的利率效应实证分析》，博士学位论文，西南财经大学经济学院，2012。

142. 孙天琦：《储蓄资本化、金融企业和工商企业资本金增加与宏观经济增长——从资产负债表角度的一个解析》，《金融研究》2008年第9期。

143. 孙文章等：《消费金融公司与地区居民消费的关系研究——基于双重差分模型的估计》，《中国软科学》2014年第7期。

144. 孙喜望等：《郑州市≥65岁老年人健康预期寿命及影响因素》，《中国公共卫生》2011年第7期。

145. 谭小芬等：《中国实际利率对家庭储蓄行为影响的实证分析》，《当代经济科学》2013年第3期。

146. 谭之博等：《银行集中度、企业储蓄与经常账户失衡》，《经济研究》2012 年第 12 期。

147. 汤哲等：《北京市老年人健康预期寿命及其变化》，《中华流行病学杂志》2005 年第 12 期。

148. 唐东波：《人口老龄化与居民高储蓄——理论及中国的经验研究》，《金融论坛》2007 年第 9 期。

149. 唐军：《中国居民储蓄主要结构性问题研究》，博士学位论文，中国社会科学院研究生院，2012。

150. 田岗：《不确定性、融资约束与我国农村高储蓄现象的实证分析——一个包含融资约束的预防性储蓄模型及检验》，《经济科学》2005 年第 1 期。

151. 田岗：《我国农村居民高储蓄行为的实证分析——一个包含流动性约束的预防性储蓄模型及检验》，《南开经济研究》2004 年第 4 期。

152. 田青等：《我国城镇居民消费影响因素的区域差异分析》，《管理世界》2008 年第 7 期。

153. 万广华等：《转型经济中农户储蓄行为：中国农村的实证研究》，《经济研究》2003 年第 5 期。

154. 汪浩瀚等：《中国农村居民预防性储蓄动机估计及影响因素分析》，《农业技术经济》2010 年第 1 期。

155. 汪伟等：《收入不平等与中国高储蓄率：基于目标性消费视角的理论与实证研究》，《管理世界》2011 年第 9 期。

156. 汪伟：《储蓄、投资与经济增长之间的动态相关性研究——基于中国 1952~2006 年的数据分析》，《南开经济研究》2008 年第 2 期。

157. 汪伟：《计划生育政策的储蓄与增长效应：理论与中国的经验分析》，《经济研究》2010 年第 10 期。

158. 汪伟：《经济增长、人口结构变化与中国高储蓄》，《经济学》（季刊）2010 年第 1 期。

159. 王博：《市场化改革对中国储蓄率的影响研究》，《金融研究》2012 年第 6 期。

160. 王德文等：《人口转变的储蓄效应和增长效应——论中国增长可持续性的人口的因素》，《人口研究》2004 年第 5 期。

161. 王弟海等：《增长经济中的消费和储蓄——兼论中国高储蓄率的原因》，《金融研究》2007 年第 12 期。

162. 王刚：《人口老龄化对居民储蓄的影响分析——以北京市为例》，《经济问题探索》2006 年第 9 期。

163. 王建文：《我国预付式消费模式的法律规制》，《法律科学》（西北政法大学学报）2012 年第 5 期。

164. 王江等：《消费金融研究综述》，《经济研究》2010 年第 S1 期。

165. 王金营：《1990 年以来中国人口寿命水平和死亡模式的再估计》，《人口研究》2013 年第 4 期。

166. 王君斌等：《扩张性货币政策下的产出超调、消费抑制和通货膨胀惯性》，《管理世界》2011 年第 3 期。

167. 王宁：《地方消费主义、城市舒适物与产业结构优化——从消费社会学视角看产业转型升级》，《社会学研究》2014 年第 4 期。

168. 王鹏等：《我国居民高储蓄率的原因是什么——基于多元回归方法的实证分析》，《财经科学》2012 年第 12 期。

169. 王麒麟等：《人口年龄结构、财政政策与中国高储蓄率》，《贵州财经大学学报》2012年第1期。

170. 王秋石等：《中国居民消费率真的这么低么——中国真实居民消费率研究与估算》，《经济学家》2013年第8期。

171. 王森：《我国人口预期寿命的结构及影响因素研究——基于省级面板数据的分析》，《西北人口》2014年第3期。

172. 王树新：《北京老年人口的预期寿命及余寿期的健康质量》，《人口学刊》1996年第2期。

173. 王宋涛等：《收入分配对我国居民总消费的影响分析——基于边际消费倾向的理论和实证研究》，《经济评论》2012年第6期。

174. 王伟芳：《我国城镇居民储蓄存款影响因素统计分析》，博士学位论文，重庆大学经济学院，2013。

175. 王毅等：《中美储蓄率比较：从核算口径到经济含义》，《金融研究》2010年第1期。

176. 王宇鹏：《人口老龄化对中国城镇居民消费行为的影响研究》，《中国人口科学》2011年第1期。

177. 王振军：《我国退休年龄延迟设计研究》，《西北人口》2014年第5期。

178. 魏建等：《财政支农支出对农村居民消费结构的影响：基于中国省际面板数据的分析》，《农业技术经济》2011年第11期。

179. 魏勇：《农村居民消费行为变动及其制度成因研究》，博士学位论文，西南大学经济学院，2012。

180. 温涛等：《我国农村居民消费结构演化研究》，《农业技术经济》2012 年第 7 期。

181. 温涛等：《农民收入结构对消费结构的总体影响与区域差异研究》，《中国软科学》2013 年第 3 期。

182. 翁媛媛等：《中国高储蓄率部门特征、成因及对策》，《经济学家》2010 年第 3 期。

183. 吴丽丽：《中国老年人的自理预期寿命》，《河南教育学院学报》（哲学社会科学版）2010 年第 1 期。

184. 吴重轩：《社会经济因素对我国预期寿命的影响研究》，博士学位论文，上海社会科学院研究生学院，2013。

185. 武晓利等：《财政支出结构对居民消费率影响及传导机制研究——基于三部门动态随机一般均衡模型的模拟分析》，《财经研究》2014 年第 6 期。

186. 肖红叶等：《我国储蓄——投资转化有效性研究》，《统计研究》2000 年第 3 期。

187. 谢太峰：《邮政储蓄银行：国际借鉴与中国的选择》，《金融理论与实践》2007 年第 1 期。

188. 谢勇：《中国农村居民储蓄率的影响因素分析》，《中国农村经济》2011 年第 1 期。

189. 邢孝兵等：《寡头垄断条件下的储蓄率与长期贸易模式》，《经济研究》2010 年第 1 期。

190. 徐忠等：《公共财政与中国国民收入的高储蓄倾向》，《中国社会科学》2010 年第 6 期。

191. 许非等：《快速人口转变后的中国长期经济增长——从预期寿命、人力资本投资角度考察》，《西北人口》2008 年第 4 期。

192. 许海萍等：《预期寿命损失法定量评估区域环境健康风险》，《农业环境科学学报》2007 年第 4 期。

193. 闫坤等：《中美储蓄率差异的原因及影响分析》，《财贸经济》2009 年第 1 期。

194. 杨斌等：《基于预期寿命的养老保险个人账户给付期研究》，《华中科技大学学报》（社会科学版）2012 年第 6 期。

195. 杨斌：《城镇企业养老保险个人账户给付期测算研究——基于预期寿命的视角》，《社会保障研究》2012 年第 5 期。

196. 杨华磊等：《中国城乡及省际人均收入、人均消费数据中凸显的唯象法则》，《经济研究》2012 年第 S1 期。

197. 杨继军等：《中国的高储蓄率与外贸失衡：基于人口因素的视角》，《国际贸易问题》2011 年第 12 期。

198. 杨继军等：《人口年龄结构、养老保险制度转轨对居民储蓄率的影响》，《中国社会科学》2013 年第 8 期。

199. 杨汝岱等：《公平与效率不可兼得吗？——基于居民边际消费倾向的研究》，《经济研究》2007 年第 12 期。

200. 杨胜慧等：《中国老年人口的自理预期寿命变动——社会性别视角下的差异分析》，《南方人口》2012 年第 6 期。

201. 杨天宇等：《TFP 增长率与中国的高储蓄率——兼论中美储蓄率差异的原因》，《金融研究》2011 年第 4 期。

202. 杨泽祥等：《中国 2000 年和 2010 年人口生命表编制与分析——基于全国第五、六次人口普查数据的应用》，《云南财经大学学报》（社会科学版）2012 年第 5 期。

203. 杨子晖等：《政府消费与私人消费关系研究：基于面板单位根

检验及面板协整分析》，《世界经济》2009 年第 11 期。

204. 易行健等：《预防性储蓄动机强度的时序变化与地区差异——基于中国农村居民的实证研究》，《经济研究》2008 年第 2 期。

205. 易行健等：《外出务工收入与农户储蓄行为：基于中国农村居民的实证检验》，《中国农村经济》2014 年第 6 期。

206. 易行健等：《家庭社会网络与农户储蓄行为：基于中国农村的实证研究》，《管理世界》2012 年第 5 期。

207. 殷剑峰：《人口拐点、刘易斯拐点和储蓄/投资拐点——关于中国经济前景的讨论》，《金融评论》2012 年第 4 期。

208. 殷兴山等：《制度变迁、不确定性、收入增长与居民储蓄率——基于宁波案例的因子分析》，《金融研究》2007 年第 9 期。

209. 尹华北：《社会保障对中国农村居民消费影响研究》，博士学位论文，西南财经大学经济学院，2011。

210. 于涛：《中国人口老龄化与老年消费问题研究》，博士学位论文，吉林大学经济学院，2013。

211. 余显财：《税收递延型养老储蓄将如何影响常规储蓄、消费和投资——来自问卷调查的证据》，《金融研究》2012 年第 11 期。

212. 袁城：《中国老年人口健康预期寿命延长还是缩短？——基于 Sullivan 方法的实证研究》，《西北人口》2010 年第 2 期。

213. 袁冬梅等：《城镇居民预防性储蓄动机的异质性及强度研究》，《管理科学学报》2014 年第 7 期。

214. 袁志刚等：《居民储蓄与投资选择：金融资产发展的含义》，《数量经济技术经济研究》2005 年第 1 期。

215. 袁志刚等：《人口年龄结构、养老保险制度与最优储蓄率》，

《经济研究》2000 年第 11 期。

216. 苑德宇等：《居民消费、财政支出与区域效应差异——基于动态面板数据模型的经验分析》，《统计研究》2010 年第 2 期。

217. 〔英〕约翰·梅纳德·凯恩斯：《就业利息与货币通论》，陆梦龙译，中国社会科学出版社，2009。

218. 臧文斌等：《中国城镇居民基本医疗保险对家庭消费的影响》，《经济研究》2012 年第 7 期。

219. 张安全：《中国居民预防性储蓄研究》，博士学位论文，西南财经大学经济学院，2014。

220. 张大永等：《家庭财富与消费：基于微观调查数据的分析》，《经济研究》2012 年第 S1 期。

221. 张福林：《深圳市人口平均预期寿命的估计》，《中国卫生统计》2004 年第 3 期。

222. 张建华等：《我国居民储蓄存款误差修正模型与分析》，《数量经济技术经济研究》2009 年第 4 期。

223. 张金宝：《城市家庭的经济条件与储蓄行为——来自全国 24 个城市的消费金融调查》，《经济研究》2012 年第 S1 期。

224. 张明：《20 世纪 90 年代以来关于储蓄率研究的最新动态》，《世界经济》2007 年第 4 期。

225. 张宁等：《应用 DEA 方法评测中国各地区健康生产效率》，《经济研究》2006 年第 7 期。

226. 张琼：《基于韦伯与正态分布非线性估计的我国人口死亡年龄分布》，《保险研究》2010 年第 8 期。

227. 张秋惠等：《中国农村居民收入结构对其消费支出行为的影

响——基于 1997～2007 年的面板数据分析》，《中国农村经济》
2010 年第 4 期。

228. 张山山等：《中国各地区人口预期寿命及地理分布分析》，《西
北人口》2014 年第 4 期。

229. 张文娟等：《中国老年人健康预期寿命变化的地区差异：扩张
还是压缩?》，《人口研究》2009 年第 5 期。

230. 赵进文等：《我国保险消费的经济增长效应》，《经济研究》
2010 年第 S1 期。

231. 赵文哲等：《人口结构、储蓄与经济增长——基于跨国面板向
量自回归方法的研究》，《国际金融研究》2013 年第 9 期。

232. 赵西亮等：《房价上涨能够解释中国城镇居民高储蓄率吗？——
基于 CHIP 微观数据的实证分析》，《经济学》（季刊）2014 年第
1 期。

233. 赵雨田：《我国个人储蓄型养老保险税收优惠政策探讨》，博
士学位论文，西南财经大学经济学院，2010。

234. 郑长德：《中国各地区人口结构与储蓄率关系的实证研究》，
《人口与经济》2007 年第 6 期。

235. 郑晓瑛：《疾病和失能对老年人口健康预期寿命的影响——兼
论卫生资源在老年人口健康分类投资的方向》，《中国人口科
学》2001 年第 4 期。

236. 钟军等：《健康预期寿命指标计算方法的研究》，《中国人口
科学》1996 年第 6 期。

237. 钟水映等：《劳动力抚养负担对居民储蓄率的影响研究》，《中
国人口科学》2009 年第 1 期。

238. 周建等：《我国农村消费行为变迁及城乡联动机制研究》，《经济研究》2009 年第 1 期。

239. 周俊山等：《中国计划生育政策对居民储蓄率的影响——基于省级面板数据的研究》，《金融研究》2011 年第 10 期。

240. 周绍杰等：《中国城市居民的家庭收入、消费和储蓄行为：一个基于组群的实证研究》，《经济学》（季刊）2009 年第 4 期。

241. 周绍杰：《中国城市居民的预防性储蓄行为研究》，《世界经济》2010 年第 8 期。

242. 周晓艳等：《新型农村合作医疗对中国农村居民储蓄行为影响的实证分析》，《经济科学》2011 年第 2 期。

243. 朱波：《合理退休年龄影响因素的理论分析及实证研究》，《人口与经济》2015 年第 1 期。

244. 朱超等：《储蓄投资行为及外部均衡中的人口结构效应——来自亚洲的经验证据》，《中国人口科学》2012 年第 1 期。

245. 朱超等：《储蓄率、经常项目顺差与人口结构变迁》，《财经研究》2011 年第 1 期。

246. 朱春燕等：《预防性储蓄理论——储蓄（消费）函数的新进展》，《经济研究》2001 年第 1 期。

247. 邹红等：《劳动收入份额、城乡收入差距与中国居民消费》，《经济理论与经济管理》2011 年第 3 期。

248. Bagwell, L. S., Bernheim, B. D., "Veblen Effects in a Theory of Conspicuous Consumption", *The American Economic Review*, 1996.

249. Beshers, J. M., *Population Processes in Social Systems* (New York: Free Press, 1967).

250. Beveridge, S., Nelson, C. R., A New Approach to Decomposition of Economic Time Series into Permanent and Transitory Components with Particular Attention to Measurement of the "Business Cyce", *Journal of Monetary Economics* 7 (2), 1981.

251. Blacker, C. P., "Stages in Population Growth", *The Eugenics Review* 39 (3), 1947.

252. Blanchard, O. J., "Dedt, Deficits, and Finite Horizons", *Journal of Political Economy* 93, 1985.

253. Bloom, D. E., Canning, D., Mansfield, R. K., & Moore, M., "Demographic Change, Social Security Systems, and Savings", *Journal of Monetary Economics* 54 (1), 2007.

254. Brady, D. S., Friedman, R. D., "PART IV: Savings and the Income Distribution", *Nber Chapters*, 1947.

255. Browning, M., Lusardi, A., "Household Saving: Micro Theories and Micro Facts", *Journal of Economic literature*, 1996.

256. Caballero, R. J., "Consumption Puzzles and Precautionary Savings", *Journal of Monetary Economics* 25 (1), 1990.

257. Caldwell, J. C., "Toward a Restatement of Demographic Transition Theory", *Population and Development Review*, 1976.

258. Campbell J., Deaton A., "Why Is Comsumption So Smooth?", *The Review of Economic Studies* 56 (3), 1998.

259. Campbell, J. Y., Mankiw, N. G., "The Response of Conswmption to Income: A Cross-Country Investigation", *European Economic Review* 35 (4), 1991.

260. Campbell, J. Y. , Mankiw, N. G. , "Permanent Income, Current Income, and Consumption", *Journal of Business & Economic Statistics* 8 (3), 1990.

261. Deaton, A. S. , Paxson, C. , "Growth, Gemographic Structure, and National Saving in Taiwan", *Population and Development Review*, 2000.

262. Deaton, A. S. , Paxson, C. , "Saving, Growth, and Aging in Taiwan", *Studies in the Economics of Aging* (Chicago: University of Chicago Press, 1994).

263. Dreze, J. H. , Modigliani, F. , "Consumption Decisions Under Uncertainty", *Journal of Economic Theory* 5 (3), 1972.

264. Duesenberry, J. S. , *Income, Saving, and the Theory of Consumer Behavior* (Cambridge, MA: Harvard University Press, 1949).

265. Fisher, I. , *The Theory of Interest* (New York: Kelley, 1965).

266. Fisher, I. , *The Theory of Interest: As Determined by Impatience to Spend Income and Opportunity to Invest it*, 1954 reprint (New York: Kelley and Millman, 1930).

267. Flavin M. A. , "The Adjustment of Consumption to Changing Expectations about Future Income", *The Journal of Political Economy*, 1981.

268. Friedman, M. , "A Theory of the Consumption Function", *NBER*, 1957.

269. Fry M. J. , Manson, A. , "The Variable Rate-of-Growth in the Life-Cycle Saving Model", *Economic Inguiry* 20 (3), 1982.

270. Goldberger A. , "Dependency Rates and saving Rates: Further Comment", *American Economic Review* 63 (1), 1973.

271. Hall, RE. , "Intertempol Substitution in Consumption", *NBER Working Paper* No. 720, 1981.

272. Hall, R. E. , Mishkin, F. S. , "The sensitivity of Consumption to Transitory Income: Estimates from Panel Data on Household", *NBER Working Paper* No. 505, 1980.

273. Hall, R. L. , "The Demographic Transition: Stage Four", *Current Anthropology*, 1972.

274. Hamburger, W. , "The Relation of Consumption to Wealth and the Wage Rate", *Econometrica, Journal of the Econometric Society*, 1955.

275. Higgins, M. , Williamson, J. , "Age Structure Dynamics in Asia and Dependence on Foreign Capital", *Population and Development Review* 23, 1997.

276. Higgins, M. , Williamson, J. G. , "Asian Demography and Foreign Capital Dependence", *National Bureau of Economic Research* No. 5560, 1996.

277. Higgins, M. D. , "Demography, National Savings, and International Capital Flows", *International Economic Review* 39, 1998.

278. Hurd, M. D. , McFadden, D. L. , Gan, L. , "Subjective Survival Curves and Life Cycle Behavior", *Inquiries in the Economics of Aging* (Chicago: University of Chicago Press, 1998).

279. Kelley, A. C. , Schmidt, R. M. , "Saving, Dependency, and Development", *Journal of Population Economics* 9, 1996.

280. Keynes, J. M. "General Theory of Enployment Interest and Money", *New Delhi: Atlantic Publisher Dist*, 2006.

281. Kraay, A., "Household Saving in China", *The World Bank Economic Review* 14 (3), 2000.

282. Kuijs, L. "How will China's Saving-Investment Balance Evolve?", *World Bank Policy Research Working Paper* No. 3958, 2006.

283. Kuznets, S., "Quantitative Aspects of The Economic Growth of Nations", *Economic Development and Cultural Change* 11 (2), 1963.

284. Lee, R. D., Mason, A., Miller, T., "Life Cycle Saving and The Demographic Transition: The Case of Taiwan", *Population and Development Review*, 2000.

285. Lee, R. D., Mason, A., Miller, T., "Saving, Wealth, and The Demographic Transition in East Asia", *East-West Center Working Papers. Population Series* No. 88 – 7, 1997.

286. Leff, N. H., "Dependency Rates and Savings Rates", *American Economic Review* 59, 1969.

287. Leland, H. E., "Saving and Uncertainty: The Precautionary Demand for Saving", *The Quarterly Journal of Economics*, 1968.

288. Lelkes, O., "Tasting Freedom: Happiness, Religion and Economic Transition", *Journal of Economic Behavior & Organization* 59 (2), 2006.

289. Lucas R. E., Econometric Policy Evaluation: A Critigue, *Camegie-Rochester Conference Series on Public Policy* Vol. 1, North-Holland, 1976.

290. Mankiw, N. G. , Shapiro M. D. , "Trends, Random Walks, and Tests of the Permanent Income Hypothesis", *Journal of Monetary Economics* 16 (2), 1985.

291. Mason, A. , "An Extension to the Life-Cycle Model and Its Application to Population Growth and Aggregate Saving", *East-West Population Institute Working Paper* No. 4, 1981.

292. Mayer, T. , *Permanent Income, Wealth, and Consumption: a Critique of the Permanent Income Theory, the Life-Cycle Hypothesis, and Related Theories* (California: University of California Press, 1972).

293. Miller, B. L. , *The Effect on Optimal Consumption of Increased Uncertainty in Labor Income in the Multiperiod Case* (New York: Springer Berlin Heidelberg, 1976).

294. Mincer, J. , "Employment and Consumption", *The Review of Economics and Statistics*, 1960.

295. Modigliani, F. , Ando, A. , "Test of the Life Cycle Hypothesis of Saving", *Bulletin of the Oxford University Institute of Statistics* Vol. 19, 1957.

296. Modigliani, F. , Ando, A. K. , "Tests of The Life Cycle Hypothesis of Savings: Comments and Suggestions", *Bulletin of the Oxford University Institute of Economics & Statistics* 19 (2), 1957.

297. Modigliani, F. , Brumberg, R. , "Utility Analysis and The Consumption Function: An Interpretation of Cross-Section Data", *Post-Keynesian Economics*, ed. KK Kurihara (New Jersey: Rut-

gers University Press, 1954).

298. Modigliani, F. , Brumberg, R. , "Utility Analysis and the Consumption Function: An Interpretation of Cross-Section Data", *The Collected Papers of Franco Modigliani*1, 1954.

299. Modigliani, F. , "Recent Declines in The Savings Rate: A Life Cycle Perspective", *The Collected Papers of Franco Modigliani*, 1993.

300. Nelson, C. R. , Plosser, C. R. , "Trends and Random Walks in Macroeconomic Time Series: Some Evidence and Implications", *Journal of Monetary Economics* 10 (2), 1982.

301. Nerlove, M. , "The Implications of Friedman's Permanent Income Hypothesis for Demand Analysis", *Agricultural Economics Research* (1), 1958.

302. Notestein, Frank W. , "Population : The Long View", *Food for the World*, ed. Schultz W. (Chicago: University of Chicago Press, 1945).

303. Parry, R. T. , "Separation of Normal and Transitory Components of Income From Cross-Section Data", *Econometrica* 36 (5s), 1968.

304. Pollak, R. A. , "Interdependent Preferences", *The American Economic Review*, 1976.

305. Ram R. , Dependenty Ratts and Aggregate Savings: A New International Cross-Section Study, *The American Economic Review*, 1982.

306. Ramanathan, R. , "Estimating the Permanent Income of a Household: An Application to Indian Data", *The Review of Economics and Statistics*, 1968.

307. Reid, M. G. , Dunsing, M. , "Effect of Variability of Incomes on Level of Income-Expenditure Curves of Farm Families", *the Review of Economics and Statistics*, 1956.

308. Roodman, D. , "How to Do xtabond2: An Introduction to Difference and System GMM in Stata", *Center for Global Development Working Paper* 103, 2008.

309. Rothschild, M. , Stiglitz, J. E. , "Increasing Risk: I. A definition", *Journal of Economic Theory* 2 (3), 1970.

310. Sandmo, A. , "The Effect of Uncertainty on Saving Decisions", *the Review of Economic Studies*, 1970.

311. Schultz, T. P. , Demographic Determinants of Savings: Estimating and Interpreting the Aggregate Association, *Yale University Economic Growth Center Discussion Paper Series* No. 901, 2005.

312. Sibley, D. S. , "Permanent and Transitory Income Effects in a Model of Optimal Consumption with Wage Income Uncertainty", *Journal of Economic Theory* 11 (1), 1975.

313. Tao, H. L. , Chiu, S. Y. , "The Effects of Relative Income and Absolute Income on Happiness", *Review of Development Economics* 13 (1), 2009.

314. Thompson, Warren S. , "Population", *American Journal of Sociology* 34 (6), 1929.

315. Tsai, I. J. , Chu, C. Y. C. , Chung C. F. , "Demographic Transition and Household Saving in Taiwan", *Population and Development Review*, 2000: 174 - 193.

316. United Nations, Department of Economic and Social Affairs, Population Division, *World Mortality Report* 2013.

317. Williamson J. G. , "Personal Saving in Developing Nations: An Intertemporal Cross-Section from Asia", *Economic Record* 44 (2), 1968.

318. Zeldes, S. P. , "Consumption and Liguidity Constraints: An Empirical Investigation", *The Journal of Political Economy*, 1989.

附表　1960～2010 年全球各国预期寿命情况

国家	年份	15 岁开始的预期寿命	60 岁开始的预期寿命	出生时的预期寿命
ABW	1960～1965	55.88	16.85	66.70
ABW	1980～1995	59.91	18.65	72.81
ABW	2005～2010	61.34	19.51	74.67
AFG	1960～1965	38.42	11.55	33.13
AFG	1980～1995	43.70	13.25	43.02
AFG	2005～2010	51.58	15.53	58.60
AGO	1960～1965	40.38	12.19	34.19
AGO	1980～1995	43.93	13.54	40.53
AGO	2005～2010	47.56	15.41	49.84
ALB	1960～1965	60.00	19.71	64.72
ALB	1980～1995	59.94	18.73	70.95
ALB	2005～2010	62.81	20.35	76.63
ARE	1960～1965	51.30	14.78	55.36
ARE	1980～1995	56.77	16.61	69.28
ARE	2005～2010	61.58	19.19	76.21
ARG	1960～1965	55.80	16.86	65.51
ARG	1980～1995	58.15	18.29	70.23

国家	年份	15 岁开始的预期寿命	60 岁开始的预期寿命	出生时的预期寿命
ARG	2005～2010	61. 69	20. 86	75. 31
ARM	1960～1965	58. 15	18. 15	67. 14
ARM	1980～1995	60. 38	19. 71	70. 18
ARM	2005～2010	60. 89	19. 68	73. 91
ATG	1960～1965	53. 92	16. 38	62. 98
ATG	1980～1995	57. 28	18. 41	69. 40
ATG	2005～2010	61. 13	20. 98	74. 98
AUS	1960～1965	57. 96	17. 64	70. 91
AUS	1980～1995	61. 24	20. 03	75. 15
AUS	2005～2010	67. 20	24. 61	81. 39
AUT	1960～1965	57. 55	17. 18	69. 59
AUT	1980～1995	59. 42	18. 84	73. 18
AUT	2005～2010	65. 52	23. 23	80. 10
AZE	1960～1965	58. 54	17. 70	62. 05
AZE	1980～1995	59. 43	18. 47	65. 04
AZE	2005～2010	58. 81	17. 92	69. 99
BDI	1960～1965	44. 62	13. 83	42. 17
BDI	1980～1995	47. 59	14. 97	48. 17
BDI	2005～2010	47. 73	15. 74	51. 56
BEL	1960～1965	57. 76	17. 25	70. 43
BEL	1980～1995	59. 96	18. 89	74. 06
BEL	2005～2010	64. 96	22. 93	79. 81
BEN	1960～1965	42. 48	12. 17	38. 67
BEN	1980～1995	47. 75	14. 05	48. 75
BEN	2005～2010	52. 08	15. 49	58. 17
BFA	1960～1965	40. 94	11. 65	35. 88

续表

国家	年份	15 岁开始的预期寿命	60 岁开始的预期寿命	出生时的预期寿命
BFA	1980~1995	49.31	14.50	48.26
BFA	2005~2010	50.43	14.89	54.08
BGD	1960~1965	50.79	15.57	48.71
BGD	1980~1995	54.75	17.08	56.39
BGD	2005~2010	58.09	17.92	68.68
BGR	1960~1965	58.83	18.00	70.48
BGR	1980~1995	58.14	17.44	71.37
BGR	2005~2010	58.99	18.48	73.03
BHR	1960~1965	51.81	14.58	56.10
BHR	1980~1995	57.76	16.62	70.83
BHR	2005~2010	61.79	19.07	75.97
BHS	1960~1965	53.95	16.75	63.73
BHS	1980~1995	56.69	18.73	69.16
BHS	2005~2010	60.62	22.03	74.24
BIH	1960~1965	54.67	15.25	62.14
BIH	1980~1995	58.10	17.58	71.17
BIH	2005~2010	61.47	19.70	75.52
BLR	1960~1965	57.63	17.59	68.93
BLR	1980~1995	57.06	18.17	70.21
BLR	2005~2010	54.96	16.84	70.18
BLZ	1960~1965	54.55	16.63	61.65
BLZ	1980~1995	59.47	18.97	70.56
BLZ	2005~2010	59.15	20.91	72.80
BOL	1960~1965	46.88	13.80	43.61
BOL	1980~1995	51.09	15.85	54.24
BOL	2005~2010	56.00	18.41	65.68

国家	年份	15 岁开始的预期寿命	60 岁开始的预期寿命	出生时的预期寿命
BRA	1960～1965	51.93	16.79	56.06
BRA	1980～1995	54.24	16.86	63.78
BRA	2005～2010	59.83	21.10	72.53
BRB	1960～1965	53.49	16.31	62.11
BRB	1980～1995	57.19	17.57	69.07
BRB	2005～2010	60.68	19.16	74.47
BRN	1960～1965	54.02	16.19	64.10
BRN	1980～1995	58.49	18.22	71.78
BRN	2005～2010	63.10	20.85	77.61
BTN	1960～1965	37.95	12.00	33.46
BTN	1980～1995	44.75	14.63	47.18
BTN	2005～2010	56.13	19.17	65.91
BWA	1960～1965	48.30	14.72	51.57
BWA	1980～1995	53.56	16.24	62.14
BWA	2005～2010	34.61	15.68	46.35
CAF	1960～1965	42.24	12.91	37.79
CAF	1980～1995	47.67	15.22	48.80
CAF	2005～2010	43.64	15.47	46.77
CAN	1960～1965	58.83	18.41	71.55
CAN	1980～1995	61.78	20.64	75.96
CAN	2005～2010	66.11	23.80	80.63
CHE	1960～1965	58.72	17.86	71.66
CHE	1980～1995	62.01	20.53	76.22
CHE	2005～2010	67.26	24.51	81.90
CHI	1960～1965	58.61	18.07	70.94
CHI	1980～1995	60.86	19.33	74.00

续表

国家	年份	15 岁开始的预期寿命	60 岁开始的预期寿命	出生时的预期寿命
CHI	2005~2010	65.43	22.48	79.48
CHL	1960~1965	52.64	16.53	58.30
CHL	1980~1995	58.07	18.58	70.83
CHL	2005~2010	64.38	22.75	78.64
CHN	1960~1965	43.28	11.22	46.94
CHN	1980~1995	57.39	17.38	67.83
CHN	2005~2010	61.23	19.63	74.58
CIV	1960~1965	43.75	13.50	38.86
CIV	1980~1995	49.12	15.46	51.94
CIV	2005~2010	44.23	13.64	48.75
CMR	1960~1965	44.92	13.94	42.84
CMR	1980~1995	49.49	15.61	52.27
CMR	2005~2010	47.53	16.13	52.89
COD	1960~1965	44.43	13.77	41.69
COD	1980~1995	46.96	14.75	46.61
COD	2005~2010	47.68	15.01	48.47
COG	1960~1965	48.55	15.28	50.38
COG	1980~1995	51.53	16.39	56.61
COG	2005~2010	49.63	16.59	55.93
COL	1960~1965	52.69	16.04	58.18
COL	1980~1995	56.51	18.07	66.87
COL	2005~2010	60.10	20.81	72.94
COM	1960~1965	44.68	13.57	44.63
COM	1980~1995	48.87	14.80	53.19
COM	2005~2010	52.24	15.72	59.75
CPV	1960~1965	47.19	14.36	49.34

续表

国家	年份	15 岁开始的预期寿命	60 岁开始的预期寿命	出生时的预期寿命
CPV	1980 ~ 1995	53. 52	16. 08	62. 29
CPV	2005 ~ 2010	60. 30	19. 11	73. 09
CRI	1960 ~ 1965	56. 49	17. 48	63. 28
CRI	1980 ~ 1995	60. 75	19. 65	73. 89
CRI	2005 ~ 2010	64. 84	23. 06	78. 92
CUB	1960 ~ 1965	56. 28	17. 41	65. 77
CUB	1980 ~ 1995	61. 13	20. 43	74. 31
CUB	2005 ~ 2010	63. 92	22. 31	78. 33
CUW	1960 ~ 1965	55. 70	17. 64	—
CUW	1980 ~ 1995	60. 45	20. 09	—
CUW	2005 ~ 2010	62. 50	21. 61	75. 38
CYP	1960 ~ 1965	59. 36	18. 29	70. 56
CYP	1980 ~ 1995	61. 78	19. 65	75. 32
CYP	2005 ~ 2010	64. 41	21. 37	79. 01
CZE	1960 ~ 1965	57. 35	16. 73	70. 25
CZE	1980 ~ 1995	57. 10	16. 55	70. 80
CZE	2005 ~ 2010	62. 23	20. 55	76. 95
DEU	1960 ~ 1965	57. 79	17. 22	69. 85
DEU	1980 ~ 1995	59. 82	18. 85	73. 51
DEU	2005 ~ 2010	65. 20	22. 89	79. 65
DJI	1960 ~ 1965	46. 21	14. 44	45. 29
DJI	1980 ~ 1995	50. 68	16. 03	54. 78
DJI	2005 ~ 2010	51. 91	17. 08	59. 30
DNK	1960 ~ 1965	59. 42	18. 22	72. 40
DNK	1980 ~ 1995	60. 32	19. 46	74. 44
DNK	2005 ~ 2010	63. 98	21. 92	78. 49

续表

国家	年份	15 岁开始的预期寿命	60 岁开始的预期寿命	出生时的预期寿命
DOM	1960～1965	52.07	15.63	53.99
DOM	1980～1995	55.52	17.45	64.33
DOM	2005～2010	59.88	21.34	72.35
DZA	1960～1965	48.21	14.20	47.49
DZA	1980～1995	54.44	16.38	61.90
DZA	2005～2010	58.19	17.70	70.32
ECU	1960～1965	52.68	16.60	54.84
ECU	1980～1995	56.97	18.44	64.81
ECU	2005～2010	62.35	22.91	75.20
EGY	1960～1965	54.10	16.28	49.58
EGY	1980～1995	55.95	16.90	60.37
EGY	2005～2010	57.40	17.20	70.02
ERI	1960～1965	38.42	11.05	38.14
ERI	1980～1995	39.94	11.49	44.22
ERI	2005～2010	50.26	14.62	60.15
ESP	1960～1965	58.71	17.99	69.98
ESP	1980～1995	62.16	20.54	76.03
ESP	2005～2010	66.69	24.21	81.19
EST	1960～1965	57.50	17.88	69.00
EST	1980～1995	56.41	17.88	69.23
EST	2005～2010	59.20	19.85	73.91
ETH	1960～1965	43.57	13.45	40.22
ETH	1980～1995	45.35	14.09	44.00
ETH	2005～2010	51.68	17.22	59.60
FIN	1960～1965	56.00	16.19	68.93
FIN	1980～1995	59.99	19.12	74.20

续表

国家	年份	15 岁开始的预期寿命	60 岁开始的预期寿命	出生时的预期寿命
FIN	2005 ~ 2010	64.83	23.19	79.53
FJI	1960 ~ 1965	49.57	13.15	57.22
FJI	1980 ~ 1995	52.71	14.64	63.85
FJI	2005 ~ 2010	55.68	16.66	69.02
FRA	1960 ~ 1965	58.06	18.01	70.48
FRA	1980 ~ 1995	60.75	20.26	74.78
FRA	2005 ~ 2010	66.33	24.53	81.24
FSM	1960 ~ 1965	51.66	15.51	58.78
FSM	1980 ~ 1995	55.16	16.53	65.46
FSM	2005 ~ 2010	56.85	17.15	68.36
GAB	1960 ~ 1965	43.81	13.48	41.02
GAB	1980 ~ 1995	51.81	16.33	57.38
GAB	2005 ~ 2010	52.54	17.97	61.37
GBR	1960 ~ 1965	58.10	17.27	71.18
GBR	1980 ~ 1995	60.22	18.82	74.40
GBR	2005 ~ 2010	65.19	22.93	79.75
GEO	1960 ~ 1965	55.09	16.35	64.64
GEO	1980 ~ 1995	58.48	18.44	69.56
GEO	2005 ~ 2010	60.56	19.42	73.39
GHA	1960 ~ 1965	46.24	13.50	47.06
GHA	1980 ~ 1995	49.18	14.46	53.31
GHA	2005 ~ 2010	51.83	15.36	59.96
GIN	1960 ~ 1965	40.65	11.55	35.42
GIN	1980 ~ 1995	45.78	13.36	43.64
GIN	2005 ~ 2010	49.88	14.69	54.40
GMB	1960 ~ 1965	38.73	10.89	33.14

国家	年份	15 岁开始的预期寿命	60 岁开始的预期寿命	出生时的预期寿命
GMB	1980 ~ 1995	47. 17	13. 79	48. 63
GMB	2005 ~ 2010	50. 92	15. 00	57. 61
GNB	1960 ~ 1965	44. 51	12. 92	42. 77
GNB	1980 ~ 1995	47. 28	13. 87	46. 71
GNB	2005 ~ 2010	50. 19	14. 79	53. 08
GNQ	1960 ~ 1965	42. 20	12. 88	37. 63
GNQ	1980 ~ 1995	45. 46	14. 20	44. 03
GNQ	2005 ~ 2010	47. 41	15. 48	50. 41
GRC	1960 ~ 1965	57. 74	17. 11	69. 14
GRC	1980 ~ 1995	60. 90	19. 51	74. 54
GRC	2005 ~ 2010	65. 26	22. 91	79. 88
GRD	1960 ~ 1965	53. 19	15. 19	61. 06
GRD	1980 ~ 1995	55. 14	16. 09	67. 05
GRD	2005 ~ 2010	58. 22	18. 06	72. 00
GTM	1960 ~ 1965	47. 80	15. 14	47. 29
GTM	1980 ~ 1995	52. 17	17. 14	58. 58
GTM	2005 ~ 2010	58. 59	20. 97	70. 41
GUM	1960 ~ 1965	53. 48	16. 13	62. 70
GUM	1980 ~ 1995	57. 85	17. 57	70. 25
GUM	2005 ~ 2010	63. 53	21. 05	77. 57
GUY	1960 ~ 1965	50. 55	15. 57	58. 62
GUY	1980 ~ 1995	51. 97	15. 87	61. 07
GUY	2005 ~ 2010	53. 65	16. 29	65. 27
HKG	1960 ~ 1965	57. 31	17. 62	68. 61
HKG	1980 ~ 1995	61. 73	20. 36	75. 70
HKG	2005 ~ 2010	67. 70	24. 75	82. 57

国家	年份	15 岁开始的预期寿命	60 岁开始的预期寿命	出生时的预期寿命
HND	1960～1965	47.99	14.76	48.27
HND	1980～1995	54.44	18.11	62.02
HND	2005～2010	60.57	21.36	72.26
HRV	1960～1965	54.75	15.30	65.78
HRV	1980～1995	57.35	17.28	70.44
HRV	2005～2010	61.72	20.00	76.02
HTI	1960～1965	45.24	14.03	43.88
HTI	1980～1995	48.78	15.02	51.78
HTI	2005～2010	52.45	16.84	60.85
HUN	1960～1965	57.56	16.97	68.83
HUN	1980～1995	55.82	16.68	69.09
HUN	2005～2010	59.42	19.40	73.61
IDN	1960～1965	45.92	14.00	47.20
IDN	1980～1995	52.12	15.56	60.16
IDN	2005～2010	57.50	17.43	69.67
IND	1960～1965	43.61	13.16	43.62
IND	1980～1995	51.64	14.95	56.46
IND	2005～2010	55.05	16.75	65.09
IRL	1960～1965	57.69	17.09	70.23
IRL	1980～1995	59.18	17.95	73.22
IRL	2005～2010	65.02	22.66	79.98
IRN	1960～1965	48.13	13.37	46.62
IRN	1980～1995	42.98	15.49	54.48
IRN	2005～2010	59.64	19.10	72.48
IRQ	1960～1965	48.84	14.71	51.56
IRQ	1980～1995	48.36	16.49	60.73

续表

国家	年份	15 岁开始的预期寿命	60 岁开始的预期寿命	出生时的预期寿命
IRQ	2005～2010	56.66	17.22	68.85
ISL	1960～1965	60.40	19.76	73.54
ISL	1980～1995	62.52	20.99	77.12
ISL	2005～2010	66.66	23.74	81.57
ISR	1960～1965	58.73	17.74	72.06
ISR	1980～1995	61.02	19.29	74.57
ISR	2005～2010	66.29	23.60	81.00
ITA	1960～1965	58.42	17.89	69.73
ITA	1980～1995	61.04	19.56	74.93
ITA	2005～2010	66.88	24.09	81.73
JAM	1960～1965	57.15	18.47	65.71
JAM	1980～1995	59.52	19.82	70.92
JAM	2005～2010	59.70	20.73	72.31
JOR	1960～1965	49.74	14.95	55.02
JOR	1980～1995	56.36	16.91	67.53
JOR	2005～2010	59.91	18.53	73.12
JPN	1960～1965	56.69	16.71	69.38
JPN	1980～1995	62.78	20.92	77.06
JPN	2005～2010	68.04	25.51	82.64
KAZ	1960～1965	53.24	16.40	59.62
KAZ	1980～1995	56.65	18.14	67.65
KAZ	2005～2010	53.15	16.34	67.28
KEN	1960～1965	47.55	14.97	48.25
KEN	1980～1995	52.82	16.78	59.03
KEN	2005～2010	49.55	17.44	57.59
KGZ	1960～1965	52.56	16.42	57.44

国家	年份	15 岁开始的预期寿命	60 岁开始的预期寿命	出生时的预期寿命
KGZ	1980～1995	56. 07	18. 12	64. 08
KGZ	2005～2010	55. 12	16. 56	68. 48
KHM	1960～1965	40. 43	13. 05	41. 70
KHM	1980～1995	45. 74	15. 70	45. 67
KHM	2005～2010	60. 60	23. 43	69. 43
KIR	1960～1965	46. 55	14. 16	48. 23
KIR	1980～1995	50. 96	15. 40	57. 34
KIR	2005～2010	56. 22	17. 01	67. 23
KOR	1960～1965	49. 46	14. 92	55. 26
KOR	1980～1995	55. 20	16. 75	67. 35
KOR	2005～2010	65. 56	23. 10	79. 80
KWT	1960～1965	54. 49	15. 47	62. 42
KWT	1980～1995	57. 72	16. 24	70. 62
KWT	2005～2010	59. 85	17. 36	73. 99
LAO	1960～1965	44. 42	13. 47	44. 10
LAO	1980～1995	47. 38	14. 39	50. 06
LAO	2005～2010	55. 43	16. 67	65. 96
LBN	1960～1965	54. 48	16. 36	64. 16
LBN	1980～1995	56. 85	17. 12	68. 49
LBN	2005～2010	64. 27	21. 54	78. 47
LBR	1960～1965	40. 01	11. 36	35. 77
LBR	1980～1995	47. 93	14. 04	46. 97
LBR	2005～2010	51. 01	15. 07	57. 95
LBY	1960～1965	47. 36	13. 71	47. 38
LBY	1980～1995	55. 47	16. 47	65. 86
LBY	2005～2010	60. 86	19. 14	74. 34

续表

国家	年份	15 岁开始的预期寿命	60 岁开始的预期寿命	出生时的预期寿命
LCA	1960～1965	53.63	17.21	59.32
LCA	1980～1995	57.94	18.87	69.92
LCA	2005～2010	60.47	20.57	73.94
LKA	1960～1965	52.68	15.32	60.95
LKA	1980～1995	57.53	18.37	69.06
LKA	2005～2010	59.66	19.13	73.66
LSO	1960～1965	46.44	14.15	47.65
LSO	1980～1995	50.07	15.12	55.28
LSO	2005～2010	37.26	15.06	45.78
LTU	1960～1965	58.83	19.20	70.45
LTU	1980～1995	57.48	19.21	70.58
LTU	2005～2010	57.04	18.77	71.99
LUX	1960～1965	56.92	16.83	69.19
LUX	1980～1995	59.15	18.55	72.97
LUX	2005～2010	64.86	22.69	80.10
LVA	1960～1965	58.08	18.52	70.21
LVA	1980～1995	56.09	18.01	69.14
LVA	2005～2010	57.40	18.84	72.17
MAC	1960～1965	55.81	17.11	66.07
MAC	1980～1995	60.29	19.41	73.37
MAC	2005～2010	64.84	22.20	79.27
MCO	1960～1965	49.33	14.59	—
MCO	1980～1995	53.47	16.07	—
MCO	2005～2010	57.85	17.61	—
MDA	1960～1965	52.85	14.78	62.91
MDA	1980～1995	53.32	15.51	65.41

国家	年份	15 岁开始的预期寿命	60 岁开始的预期寿命	出生时的预期寿命
MDA	2005 ~ 2010	54. 76	16. 04	68. 23
MDG	1960 ~ 1965	44. 13	13. 31	41. 41
MDG	1980 ~ 1995	48. 07	15. 06	49. 54
MDG	2005 ~ 2010	53. 02	16. 59	62. 48
MDV	1960 ~ 1965	45. 39	12. 85	38. 06
MDV	1980 ~ 1995	50. 48	14. 52	54. 95
MDV	2005 ~ 2010	62. 21	19. 60	75. 82
MEX	1960 ~ 1965	53. 52	17. 70	58. 59
MEX	1980 ~ 1995	57. 28	19. 42	67. 93
MEX	2005 ~ 2010	63. 07	22. 08	76. 22
MKD	1960 ~ 1965	55. 03	16. 02	62. 45
MKD	1980 ~ 1995	58. 28	17. 38	69. 22
MKD	2005 ~ 2010	60. 36	18. 58	74. 46
MLI	1960 ~ 1965	36. 80	10. 23	28. 86
MLI	1980 ~ 1995	45. 93	13. 40	41. 95
MLI	2005 ~ 2010	51. 14	15. 08	52. 89
MLT	1960 ~ 1965	56. 21	15. 14	68. 50
MLT	1980 ~ 1995	60. 08	18. 10	73. 63
MLT	2005 ~ 2010	64. 45	21. 67	80. 10
MMR	1960 ~ 1965	44. 55	13. 57	45. 10
MMR	1980 ~ 1995	50. 38	15. 22	56. 10
MMR	2005 ~ 2010	54. 61	16. 43	64. 17
MNG	1960 ~ 1965	50. 86	13. 97	50. 92
MNG	1980 ~ 1995	53. 75	15. 12	57. 65
MNG	2005 ~ 2010	53. 91	15. 98	66. 32
MOZ	1960 ~ 1965	41. 53	12. 64	36. 32

续表

国家	年份	15 岁开始的预期寿命	60 岁开始的预期寿命	出生时的预期寿命
MOZ	1980 ~ 1995	45. 12	14. 03	42. 92
MOZ	2005 ~ 2010	42. 83	16. 29	48. 54
MRT	1960 ~ 1965	45. 77	13. 33	45. 43
MRT	1980 ~ 1995	51. 61	15. 29	55. 90
MRT	2005 ~ 2010	54. 31	16. 28	60. 70
MUS	1960 ~ 1965	52. 64	15. 35	61. 21
MUS	1980 ~ 1995	55. 57	16. 37	67. 96
MUS	2005 ~ 2010	59. 03	18. 87	72. 68
MWI	1960 ~ 1965	44. 37	12. 87	38. 48
MWI	1980 ~ 1995	47. 91	14. 05	45. 43
MWI	2005 ~ 2010	45. 72	16. 65	51. 74
MYS	1960 ~ 1965	52. 34	15. 24	61. 14
MYS	1980 ~ 1995	56. 13	16. 74	68. 94
MYS	2005 ~ 2010	59. 65	18. 57	74. 17
NAM	1960 ~ 1965	46. 71	14. 21	48. 67
NAM	1980 ~ 1995	51. 87	15. 66	59. 02
NAM	2005 ~ 2010	49. 28	16. 76	60. 04
NCL	1960 ~ 1965	51. 34	15. 45	59. 90
NCL	1980 ~ 1995	56. 67	17. 06	68. 17
NCL	2005 ~ 2010	61. 63	19. 70	76. 13
NER	1960 ~ 1965	40. 85	11. 61	35. 72
NER	1980 ~ 1995	46. 25	13. 50	40. 84
NER	2005 ~ 2010	51. 58	15. 26	55. 90
NGA	1960 ~ 1965	41. 83	11. 98	38. 48
NGA	1980 ~ 1995	45. 95	13. 42	46. 17
NGA	2005 ~ 2010	45. 89	13. 36	50. 29

续表

国家	年份	15 岁开始的预期寿命	60 岁开始的预期寿命	出生时的预期寿命
NIC	1960～1965	47.36	14.71	48.95
NIC	1980～1995	53.33	17.25	59.73
NIC	2005～2010	60.21	21.38	73.07
NLD	1960～1965	60.24	18.75	73.52
NLD	1980～1995	62.08	20.22	76.12
NLD	2005～2010	65.66	22.95	80.26
NOR	1960～1965	60.36	18.93	73.48
NOR	1980～1995	61.82	20.19	76.02
NOR	2005～2010	65.97	23.42	80.62
NPL	1960～1965	41.99	12.69	39.67
NPL	1980～1995	47.11	14.25	49.71
NPL	2005～2010	55.49	16.65	66.18
NZL	1960～1965	58.34	17.81	71.21
NZL	1980～1995	59.98	19.15	73.86
NZL	2005～2010	65.83	23.58	80.39
OMN	1960～1965	46.72	13.57	45.08
OMN	1980～1995	53.57	15.90	62.33
OMN	2005～2010	61.09	19.60	75.43
PAK	1960～1965	49.10	15.91	49.01
PAK	1980～1995	54.54	17.04	58.99
PAK	2005～2010	56.88	17.35	65.77
PAN	1960～1965	54.78	17.24	62.36
PAN	1980～1995	59.81	19.97	71.23
PAN	2005～2010	63.37	23.34	76.56
PER	1960～1965	49.54	14.61	49.24
PER	1980～1995	55.44	17.03	61.82

续表

国家	年份	15 岁开始的预期寿命	60 岁开始的预期寿命	出生时的预期寿命
PER	2005～2010	60.99	20.77	73.31
PHL	1960～1965	51.74	15.61	58.73
PHL	1980～1995	53.52	16.08	63.10
PHL	2005～2010	55.27	16.71	67.92
PNG	1960～1965	37.22	10.72	40.49
PNG	1980～1995	46.59	13.11	54.32
PNG	2005～2010	51.39	14.70	61.55
POL	1960～1965	57.55	17.44	68.33
POL	1980～1995	57.82	17.98	70.90
POL	2005～2010	61.11	20.48	75.57
PRI	1960～1965	58.26	19.68	69.38
PRI	1980～1995	60.55	21.04	74.05
PRI	2005～2010	63.64	22.92	78.32
PRK	1960～1965	45.45	12.83	52.53
PRK	1980～1995	55.49	16.05	66.79
PRK	2005～2010	56.41	16.41	68.54
PRT	1960～1965	57.32	17.35	64.13
PRT	1980～1995	59.48	19.00	72.32
PRT	2005～2010	64.18	22.45	78.60
PRY	1960～1965	56.24	17.01	64.39
PRY	1980～1995	57.22	17.97	67.09
PRY	2005～2010	59.98	20.63	71.79
PYF	1960～1965	48.75	14.24	57.55
PYF	1980～1995	54.16	16.27	66.49
PYF	2005～2010	60.83	19.49	75.16
QAT	1960～1965	56.14	17.02	63.53

续表

国家	年份	15 岁开始的预期寿命	60 岁开始的预期寿命	出生时的预期寿命
QAT	1980～1995	61.08	19.21	73.72
QAT	2005～2010	63.42	20.67	77.86
ROU	1960～1965	57.72	17.37	67.25
ROU	1980～1995	57.43	17.46	69.60
ROU	2005～2010	59.31	18.98	72.81
RUS	1960～1965	56.74	17.69	67.25
RUS	1980～1995	55.00	17.69	67.56
RUS	2005～2010	53.26	17.28	67.89
RWA	1960～1965	45.11	14.01	43.09
RWA	1980～1995	47.73	15.25	49.41
RWA	2005～2010	52.41	17.26	59.84
SAU	1960～1965	48.19	14.58	47.27
SAU	1980～1995	55.80	16.79	65.32
SAU	2005～2010	60.80	18.49	74.63
SDN	1960～1965	48.09	15.12	49.43
SDN	1980～1995	50.63	16.05	54.54
SDN	2005～2010	53.54	17.30	60.93
SEN	1960～1965	42.32	12.14	38.42
SEN	1980～1995	49.53	14.59	51.93
SEN	2005～2010	53.78	16.06	62.10
SGP	1960～1965	54.32	14.98	66.64
SGP	1980～1995	58.89	17.80	73.16
SGP	2005～2010	66.54	23.74	80.83
SLB	1960～1965	47.46	14.15	50.88
SLB	1980～1995	51.68	15.42	58.18
SLB	2005～2010	55.69	16.68	66.53

续表

国家	年份	15 岁开始的预期寿命	60 岁开始的预期寿命	出生时的预期寿命
SLE	1960 ~ 1965	39.09	10.97	31.01
SLE	1980 ~ 1995	42.58	12.19	40.69
SLE	2005 ~ 2010	43.00	12.35	43.96
SLV	1960 ~ 1965	52.07	16.81	53.32
SLV	1980 ~ 1995	50.24	18.74	58.12
SLV	2005 ~ 2010	58.41	21.58	71.19
SOM	1960 ~ 1965	42.45	13.00	38.16
SOM	1980 ~ 1995	46.39	14.54	45.67
SOM	2005 ~ 2010	49.56	15.92	53.35
SRB	1960 ~ 1965	56.45	16.64	—
SRB	1980 ~ 1995	58.21	17.57	—
SRB	2005 ~ 2010	59.54	18.30	73.56
SSD	1960 ~ 1965	39.61	11.88	32.96
SSD	1980 ~ 1995	43.23	13.27	39.75
SSD	2005 ~ 2010	47.86	15.87	52.44
STP	1960 ~ 1965	49.26	15.56	52.13
STP	1980 ~ 1995	53.64	17.09	60.73
STP	2005 ~ 2010	56.16	18.05	65.41
SUR	1960 ~ 1965	52.39	15.82	60.77
SUR	1980 ~ 1995	55.92	17.32	66.65
SUR	2005 ~ 2010	57.12	18.18	69.76
SVK	1960 ~ 1965	58.23	17.52	70.53
SVK	1980 ~ 1995	57.30	17.29	70.66
SVK	2005 ~ 2010	60.38	19.44	74.63
SVN	1960 ~ 1965	55.78	16.69	68.72
SVN	1980 ~ 1995	57.52	17.69	71.01

续表

国家	年份	15 岁开始的预期寿命	60 岁开始的预期寿命	出生时的预期寿命
SVN	2005～2010	63. 97	22. 23	78. 76
SWE	1960～1965	60. 06	18. 56	73. 60
SWE	1980～1995	62. 04	20. 36	76. 48
SWE	2005～2010	66. 40	23. 60	81. 11
SWZ	1960～1965	45. 05	13. 71	45. 11
SWZ	1980～1995	50. 51	15. 26	56. 17
SWZ	2005～2010	39. 43	16. 16	47. 32
SYC	1960～1965	55. 02	17. 02	—
SYC	1980～1995	57. 35	18. 33	68. 68
SYC	2005～2010	58. 44	19. 14	72. 96
SYR	1960～1965	50. 38	15. 12	54. 46
SYR	1980～1995	56. 47	16. 98	67. 35
SYR	2005～2010	61. 56	19. 57	74. 95
TCD	1960～1965	42. 86	13. 16	38. 79
TCD	1980～1995	46. 23	14. 49	45. 43
TCD	2005～2010	46. 31	15. 29	48. 88
TGO	1960～1965	44. 09	12. 76	42. 18
TGO	1980～1995	50. 69	15. 00	53. 77
TGO	2005～2010	48. 74	14. 30	54. 87
THA	1960～1965	51. 73	16. 80	56. 68
THA	1980～1995	55. 45	18. 24	66. 27
THA	2005～2010	59. 78	20. 85	73. 28
TJK	1960～1965	56. 65	17. 41	57. 39
TJK	1980～1995	58. 82	18. 63	62. 87
TJK	2005～2010	57. 13	17. 66	66. 56
TKM	1960～1965	52. 04	15. 72	55. 70

国家	年份	15 岁开始的预期寿命	60 岁开始的预期寿命	出生时的预期寿命
TKM	1980 ~ 1995	55. 03	17. 22	61. 75
TKM	2005 ~ 2010	54. 68	16. 87	64. 76
TLS	1960 ~ 1965	39. 56	11. 96	35. 24
TLS	1980 ~ 1995	42. 21	12. 76	39. 98
TLS	2005 ~ 2010	54. 72	16. 43	64. 82
TON	1960 ~ 1965	51. 90	14. 85	62. 45
TON	1980 ~ 1995	56. 05	16. 56	68. 29
TON	2005 ~ 2010	58. 95	18. 22	71. 89
TTO	1960 ~ 1965	54. 12	15. 71	64. 06
TTO	1980 ~ 1995	55. 46	16. 38	67. 37
TTO	2005 ~ 2010	57. 01	17. 70	69. 36
TUN	1960 ~ 1965	45. 13	13. 35	44. 17
TUN	1980 ~ 1995	55. 10	16. 44	64. 49
TUN	2005 ~ 2010	61. 30	19. 42	74. 29
TUR	1960 ~ 1965	50. 83	15. 10	47. 57
TUR	1980 ~ 1995	55. 66	17. 46	60. 54
TUR	2005 ~ 2010	60. 71	20. 00	73. 52
TZA	1960 ~ 1965	45. 78	14. 28	44. 44
TZA	1980 ~ 1995	48. 83	15. 40	50. 94
TZA	2005 ~ 2010	48. 86	17. 41	57. 07
UGA	1960 ~ 1965	46. 31	14. 48	45. 73
UGA	1980 ~ 1995	48. 14	15. 19	49. 37
UGA	2005 ~ 2010	48. 12	17. 01	55. 58
UKR	1960 ~ 1965	57. 78	17. 65	69. 40
UKR	1980 ~ 1995	56. 25	17. 51	69. 14
UKR	2005 ~ 2010	54. 14	17. 24	68. 80

续表

国家	年份	15 岁开始的预期寿命	60 岁开始的预期寿命	出生时的预期寿命
URY	1960～1965	57.46	17.76	68.40
URY	1980～1995	58.96	18.66	71.08
URY	2005～2010	62.75	21.36	76.28
USA	1960～1965	57.46	17.88	70.14
USA	1980～1995	60.56	20.18	74.39
USA	2005～2010	63.86	22.77	78.00
UZB	1960～1965	55.00	17.20	60.13
UZB	1980～1995	58.11	18.70	66.22
UZB	2005～2010	57.20	18.15	67.64
VCT	1960～1965	56.33	17.15	60.68
VCT	1980～1995	56.86	17.27	68.38
VCT	2005～2010	58.84	19.45	71.85
VEN	1960～1965	53.59	16.66	61.27
VEN	1980～1995	57.12	17.90	69.04
VEN	2005～2010	60.62	20.70	73.82
VIR	1960～1965	53.50	15.55	64.84
VIR	1980～1995	59.21	18.39	72.38
VIR	2005～2010	64.94	22.32	78.92
VNM	1960～1965	54.58	16.70	60.96
VNM	1980～1995	58.58	19.45	68.33
VNM	2005～2010	62.19	21.95	75.04
VUT	1960～1965	46.41	14.07	48.29
VUT	1980～1995	52.20	15.56	60.14
VUT	2005～2010	57.84	17.48	70.24
WSM	1960～1965	44.41	12.44	51.47
WSM	1980～1995	51.02	14.46	61.47

续表

国家	年份	15 岁开始的预期寿命	60 岁开始的预期寿命	出生时的预期寿命
WSM	2005～2010	58.70	18.11	71.84
YEM	1960～1965	42.21	12.79	35.15
YEM	1980～1995	50.19	15.15	53.35
YEM	2005～2010	53.45	16.02	62.14
ZAF	1960～1965	43.73	12.33	50.20
ZAF	1980～1995	49.35	14.10	58.75
ZAF	2005～2010	42.38	15.22	52.82
ZMB	1960～1965	46.67	14.62	46.20
ZMB	1980～1995	47.46	15.46	49.65
ZMB	2005～2010	45.19	16.42	51.59
ZWE	1960～1965	49.63	15.66	52.62
ZWE	1980～1995	53.61	17.14	60.78
ZWE	2005～2010	37.85	18.40	49.08

注：利用联合国《2013 年全球人口发展报告》相关数据整理计算。

图书在版编目（CIP）数据

预期寿命对国民储蓄率的影响／金刚著．—北京：社会科学
文献出版社，2016.3
（辽宁大学公共管理文丛）
ISBN 978 - 7 - 5097 - 8721 - 2

Ⅰ.①预…　Ⅱ.①金…　Ⅲ.①预期寿命 - 影响 - 储蓄率 -
研究 - 中国　Ⅳ.①F832.22

中国版本图书馆 CIP 数据核字（2016）第 022503 号

·辽宁大学公共管理文丛·
预期寿命对国民储蓄率的影响

著　　者／金　刚

出 版 人／谢寿光
项目统筹／高　雁
责任编辑／高　雁　黄　利

出　　版／社会科学文献出版社·经济与管理出版分社（010）59367226
　　　　　地址：北京市北三环中路甲 29 号院华龙大厦　邮编：100029
　　　　　网址：www.ssap.com.cn
发　　行／市场营销中心（010）59367081　59367018
印　　装／三河市尚艺印装有限公司

规　　格／开本：787mm × 1092mm　1/16
　　　　　印张：13.5　字数：145 千字
版　　次／2016 年 3 月第 1 版　2016 年 3 月第 1 次印刷
书　　号／ISBN 978 - 7 - 5097 - 8721 - 2
定　　价／65.00 元

本书如有印装质量问题，请与读者服务中心（010 - 59367028）联系

▲ 版权所有 翻印必究